地方公務員の新しいキャリアデザイン

ワーク ライフ コミュニティ セルフのブレンド

奈良県生駒市長
小紫 雅史 著

実務教育出版

はじめに

「公務員は終身雇用で安定している」
「公務員は副業してはならない」
「公務員は法令に定められた業務をミスなくしっかりこなせばよい」
「公務員は民間企業と異なり、収益にとらわれずに市民のために働けばよい」

このような公務員の〝常識〟は数年のうちにすべて崩壊していきます。いや、もうすでに崩壊しつつあるのです。

私は、現在、奈良県生駒市の市長をしています。

環境省をキャリアの振出しとし、米国への留学や途上国でのインターンシップ、大使館勤務、ＮＰＯ法人の立上げなど、多様な経験を積ませてもらいました。

そんな私が生駒市で働くことを決めたのは、現場の大変さとおもしろさにどっぷりつかり、人とのコミュニケーションを大切にしながら仕事がしたかったからです。また、市町村の仕事は、霞が関よりもスピード感を持った政策形成と実行、縦割りを打破した分野連携による課題への対応が可能な点も大きな魅力でした。

しかし、**今の自治体行政は、現場、スピード感、横連携、という自治体のよさや魅力を十分活かしきれていない**ように思えます。地域の現場に飛び出したり、国に先んじて新しい取組みに挑戦したり、分野横断的な対応により地域課題に対応したり、といった自治体職員の魅力ややりがいを十分に経験できていない職員が多いのではないでしょうか。

本書は、地方公務員（自治体職員）として働き始めた20代から30代までの皆さんに対し、新型コロナウイルス感染症（COVID-19）の影響を含めた公務員を取り巻く社会環境の大きな変化をまとめ、変化をチャンスにするための心構えと具体的な行動につなげるヒントを整理しています。

たとえば、社会変化に伴い、公務員の人事制度や働き方、そして人生設計も当然大きく変わっていきます。**これからの公務員は組織の一員としての顔だけではなく、強みを磨き上げながら生き抜く〝個人事業主〟の顔**も持たなければいけません。

仕事やキャリア面での価値観や行動様式の転換に加え、公務員自身が仕事だけでなく人生全般を視野に入れ、仕事（ワーク）、家庭（ライフ）、地域活動（コミュニティ）、自己実現（セルフ）の４つの要素を意識し、効果的に組み合わせながら人生を豊かに暮らしていくことも同じくらい大切なことです。ワーク・ライフ・バランスという言葉がありますが、人生は仕事と家庭だけで構成されるのではありません。また、仕事か家庭かという二項対立でもありません。**仕事、家庭、地域活動、自己実現などの多様な要素を大切にし、かつ、それぞれのバランスをとるのではなく、シナジー効果を生み出す組合せを意識**しながら毎日過ごすことが、人生を豊かにすることにつながります。

このような認識と想いに基づいて、本書では、序章で、新型コロナウイルス感染症を含む最近の大きな社会変化を、第1章で、自治体や公務員を取り巻く人事制度に関する大きな変革の動きを整理しました。

第2章は、序章、第1章で整理した変化に（主に）自治体が、どのように対応していくべきかをまとめています。ピンチをチャンスにし、まちづくりを〝超回復〟できる自治体となるために必要な基本的方針や考え方、〝情報〟との向き合い方について、生駒市での取組みを具体例として取り上げながら整理しました。

そして、第3章、第4章では、主に公務員一人ひとりが、今後の変化を生き抜き、さらに大きく飛躍するために必要なキャリアデザインの考え方、実践方法をお伝えしています。第3章は「仕事」の視点から、第4章は仕事以外の「家庭、地域、自己実現」の視点から整理しました。

社会構造の変革と、それに伴う公務員人事制度の抜本的な見直しの両方に対応するためには、自治体にも、公務員個人にも、仕事での意識・行動改革はもちろんのこと、家庭、地域、自己実現の4つの視点を持ち、それぞれをブレンドさせ、シナジーを生みながら、自分で自分のキャリアをデザインすることが不可欠となります。逆に言えば、このような4つの視点を活かして幸せな人生を送るという意味では、公務員、特に市町村職員という職業は本当にお勧めの仕事です。

本書は、民間企業に勤務している方や自分で事業経営している方などにも、公務員の仕事やまちづくりに興味を持っていただき、コロナ禍後の社会や地域でどのように過ごすことが豊かな人生につながるのか、また、行政組織とどのように付き合えばよいのか、などを考えるきっかけになるでしょう。

本書を契機として、行政vs.市民、公vs.民、プロパー職員vs.外部人材、本業vs.副業、ワークvs.ライフ、既存業務への対応vs.新規業務の創出、国vs.自治体など、世の中にはびこる無意味な二項対立をなくすことも、私の願いです。

境界を明確にするから相互理解が進まず、対立も起こります。境界が曖昧になり、お互いを排除するのではなく認めていくことで、シナジーからの新規性や多様性が生まれます。

本書を手にした皆さんが二項対立を乗り越えた人材となり、「働く・住む・暮らす・自己実現」のブレンドを楽しみながら、より豊かで幸せな人生を送ることができる、そんな一助になれば幸いです。

目次

第2章 ピンチからの〝超回復〟を実現できる自治体とは 61

第3章 公務員3・0時代
——自治体職員が身につけておきたい視点と力

第4章 ワーク、ライフ、コミュニティ、セルフの視点でキャリアデザインしよう

装丁・本文DTP 杉江耕平
編集協力 佐藤嘉宏

序章

新型コロナウイルス感染症がもたらした社会変化と地域への影響

新型コロナウイルス感染症は、医療面、産業経済面、社会面のそれぞれにおいて未曽有の被害と影響を生み、世界史に残る大災害となっています。

新型コロナウイルスによって生じた影響は、コロナ禍が収束しても完全に消えず、社会に構造的な変化を残していきます。この変化を理解・分析し、必要な対応を考えながら、新しいまちづくりのチャンスへと転換することが、自治体やその職員の責務です。

新型コロナウイルス感染症による医療面への影響

新型コロナウイルスの国内感染者数は、2021年5月5日の時点で60万2190人、死者数は9479人となりました。死亡率は約1・6%ですが、70代で4・9%、80代以上で13・4%と高齢者ほど高くなっています※1。

新型コロナウイルス感染症用の病床使用率は、3回目の緊急事態宣言発出中の2021年5月7日の時点で約98・4%となり、満床に近い状況で、自宅療養を余儀なくされている感染者が多数発生している地域も少なくありませんでした。

また、今回の新型コロナウイルス感染症の特徴の一つが全世界同時流行です。SARS

の感染が30か国程度に限定されたのに対し、新型コロナウイルス感染症はほとんどの国で感染が確認されています。

感染防止に向けた取組みと影響

このような感染拡大に対し、マスク着用・手洗いやうがいの励行、3密を避ける、社会的距離を保つ、などの感染防止が繰り返し求められ、市民や事業者も協力したことが、わが国が感染者数を一定程度まで抑制できたことの一因であることは確かでしょう。

2020年から2021年にかけては季節性インフルエンザの患者も極めて少なく、新型コロナウイルス感染症への対策が他の感染症や風邪の予防にも寄与し、医療費の伸びも抑制されています。

一方で、このような感染対策を講じるに当たり、高齢者や障がい者など、感染リスクが高い利用者が多い介護や福祉の事業所や、学校、幼稚園、保育園など子どもたちが集まる施設、商業施設や事業所などでは、感染者が発生した場合のクラスター化の防止や業務継続等に苦労し、大きなコストを払いながら対応を続けています。

新型コロナウイルス感染症用のワクチンについては世界的に急ピッチで開発が進められ

たものの、わが国ではワクチンの確保が遅れ、2021年5月の時点では、先進国の中で接種スピードが最も遅いグループに位置しています。国から自治体へのワクチン供給も遅れ、接種にかかる膨大な業務量が自治体に大きな負担となっています。

また、感染が長期間にわたっており、先が見えないことによる不安やコミュニケーションの減少などから「コロナ鬱」も顕在化しています。外出や運動の機会が減ったことから体力低下や健康状態の悪化を招き、感染防止が別の健康リスクを生じさせるという皮肉な状況も生じています。

新型コロナウイルス感染症の〝中途半端さ〟が大きな社会的な混乱と影響を生んだ

私は、今回の新型コロナウイルス感染症がこれほどの大きな医療的・社会的インパクトをもたらした原因は、その〝中途半端さ〟にあると見ています。すなわち、インフルエンザよりは高く、SARSよりは低い死亡率です。

2002年のSARSの死亡率は約9・6%、65歳以上では約半数の死亡率でした。このような死亡率であれば、自宅待機や飲食店の営業停止は当然のこととして受け止められるでしょう。しかし、今回の新型コロナウイルス感染症の死亡率はSARSと比して明らかに低く、SARSと同じような医療的措置や事業者への規制をとることが適切なのかどうか、懐疑的な意見も少なくありません※2。

一方、新型コロナウイルス感染症を季節性のインフルエンザと同じようなものだ、とする論調も正しいとは言い難いものです。データを見れば、新型コロナウイルス感染症の死亡率は季節性インフルエンザよりは明らかに高く、高齢者を中心として感染を恐れ、飲食店の自粛、行政によるイベントや自治会活動の中止を強く求める市民がいることも理解できます。反対に感染の影響が長期化する中で、飲食店の経営も深刻化しており、経済的な理由による自殺などを防止するためにも、事業者支援の強化、過度の飲食店の営業規制は慎むべきという意見も間違いとは言い切れません。

新型コロナウイルス感染症の中途半端さが引き起こした、答えのない（両方とも間違いではない）状況が、人々の不安や不満を増幅させ、行政をはじめ関係者の判断を大変難しくし、医療的なインパクトも社会的なインパクトも大きくしてしまったのです。

業種ごとの明暗が大きく分かれ、働き方が大きく変わる

新型コロナウイルスで落ち込む業種と伸びる業種

新型コロナウイルス感染症は産業面でも大きな影響をもたらしました。新型コロナウイルス感染症により大きなダメージを受けた業種と、逆に大きく利益を上げた業種とに二極化しています。

大きな悪影響を受けている業種としては、観光、飲食、運輸、娯楽、文化・スポーツ、オフィス賃貸などが挙げられます。インバウンド観光客がほとんど見られなくなり、緊急事態宣言などによる飲食店への休業・時短が要請されるなど、日本の産業構造を揺るがすような事態が生じています。

一方で、デジタル化の急速な浸透などにより、オンライン会議システムなど情報通信産業、パソコンやその周辺機器、通販やその配送業者、動画配信事業などが大きく伸びています。また、インドアの余暇が制限を余儀なくされたことやステイホームの影響で、アウトドア産業や花や野菜の栽培などホームセンター関連も堅調です。

働き方の変化とそれがもたらすもの

コロナ禍が働き方に与えた影響も甚大です。テレワークの活用やオンライン会議の浸透により〝通勤〟という常識が揺らいでいます。雇用型就業者のテレワーク実施率は、1回目の緊急事態宣言中に大きく増加し、全国で20・4％に達しました（首都圏が31・4％、地方都市圏では13・6％）※3。また、大都市に大規模オフィスを構えることを見直す動きが出ており、オフィスの郊外化・小規模化のほか、コワーキングスペースの活用や住宅と一体化したオフィスなども増えています。

ステイホームとテレワークが、ワーク、ライフ、コミュニティの距離を縮め、人々の人生観や毎日の生活を変える

家族と過ごす時間の増加

在宅勤務や外出の自粛などにより、家族と過ごす時間が増えています。

内閣府の調査※4によると、約半数の人が「新型コロナウイルス感染症の拡大前に比べて、

家族の重要性をより意識するようになった」と回答しています。

興味深いのは、コロナ禍で生活への満足度が軒並み低下している中で、夫の役割分担が増した家庭では、男女とも満足度の低下に抑制傾向が見られることです。コロナ禍を契機とし、家族との時間の大切さや家庭内での役割の見直しを進めること、それを自治体が応援することにより、幸福度の高まる市民が増えるはずです。

デジタル化の進展が日常生活を変える

デジタル化が現役世代の働き方に大きな影響を与えていることは前述しましたが、全世代に一気にデジタル化が浸透したことも大きな変化です。

子どもたちには1人1台のタブレットパソコンが配布され、オンラインでの授業や学習が可能となっています。学校が再開してもオンラインでの集会はもちろん、外部の人にオンラインで話を聞いたり、地域に飛び出しておもしろい場所をマッピングしたりと、GIGAスクール*は確実に進展しています。

高齢者もデジタル化の例外ではありません。これまでは、自治体が「デジタル化」をいうと、「高齢者には無理」と一蹴されてきましたが、コロナ禍を契機としてシニア世代にもデジタル化が浸透しています。内閣府調査※4によると、約半数のシニアがＺｏｏｍやＬＩＮＥなどのビデオ通話を利用したことがあると回答し、利用していない人のうち、「今後は利用したい」と回答した人が半数以上います。

＊　ＧＩＧＡスクールとは、「1人1台端末と、高速大容量の通信ネットワークを一体的に整備することで、特別な支援を必要とする子供を含め、多様な子供たちを誰一人取り残すことなく、公正に個別最適化され、資質・能力が一層確実に育成できる教育環境を実現する」ことであり、「これまでの我が国の教育実践と最先端のベストミックスを図ることにより、教師・児童生徒の力を最大限に引き出す」こと（文部科学省ウェブサイトより）。

地産地消や自給自足からＬＯＨＡＳ、ＳＤＧｓが一気に進む

私たちは、コロナ禍で生活用品（マスクなど）の品薄を経験し、日常生活がいかに世界的な流通体制に支えられているかを実感するとともに、地産地消や自給自足の大切さを痛感しました。

自粛期間中、家庭で過ごす時間が増えたこともあり、花や緑から癒しを得たり、住みやすいようにインテリアを工夫したりするなど、住まいを大切にする人も増えました。たと

えば、家庭菜園を実施している人の約3割が外出自粛期間に家庭菜園デビューしており、そのほとんどが今後も継続したいとの意向を示しているという調査結果もあります。

在宅時間が増加して、光熱費や水道費、ごみの排出量などが増加し、環境やエネルギーに対する関心も高まっています。

このような変化を背景とし、仕事への向き合い方に変化があった人が57%、仕事よりも生活を重視するようになった、と答える人が約半数います。

三大都市圏居住者で地方移住に関心を持つ人の割合が20代、30代で20%以上となるなど、住む場所に対する意識の変化も出ています（内閣府調査※4より）。一方で、都心回帰の動きもあるので単純な話ではありませんが、2021年2月1日の東京都の人口が約25年ぶりに前年同月比で減少となるなど、コロナ禍を契機として、地方への移住により、新型コロナウイルス感染リスクの回避や快適な住宅環境はもちろんのこと、自給自足や地産地消、環境に配慮したLOHAS（健康で持続可能な生活様式）な暮らしを求める人が増えていると考えられます。

コミュニティは崩壊するのか、進化するのか

コロナ禍によるコミュニティへの影響

コロナ禍によって地域住民が気軽に集まることができなくなり、コミュニティ活動は中断を余儀なくされました。生駒市のように、地域活動を大切にし、市民と行政がともに汗をかいてまちづくりを進めている自治体ほど、コロナ禍の影響は甚大です。

1か月程度なら大きな影響はなくても、半年、1年と活動が止まってしまうと、一人暮らしの高齢者などは、人と話したり体を動かしたりする機会も激減し、気づかないうちに心身ともに疲弊してしまう、いわゆる「コロナ鬱」といわれる人が増えます。首長や自治体職員にとっても、週末に市民が活動している場所やイベントに行けなくなり、市民から直接意見を聞いたり、前向きなエネルギーをもらったり、まちづくり人材を見つけたり、といった貴重な機会が消滅しました。このことは、まちづくりに大きな影を落としています。

新型コロナウイルスが地域の大切さを教えてくれた

一方で、コロナ禍はコミュニティにとって悪いことばかりではありません。平日の昼間に在宅勤務する人が増え、地域に目を向けるきっかけとなっているからです。生駒市民は大阪に通勤する人が多く、地元への関心も低く、地産地消がなかなか進みませんでした。しかし、コロナ禍により、自宅ですごす時間が増えた結果、「家のすぐ近くにこんなにおいしい飲食店があるんだな」「この公園、とても雰囲気がいいな」など、生駒市のよいところに気づいてもらうチャンスが増えたのです。

また、コロナ禍によってまちの様子が変化したことで、これまで〝当たり前〟と思っていた場所や風景が、実は草刈り、ごみ拾いなどの地域のボランティアに支えられていたことに気づく人が増えています。そのような人たちの一部が新たな地域活動の担い手となってくれれば、コロナ後にまちは大きく進化します。

コロナ禍を活かしてまちを〝超回復〟するのが自治体職員の使命

コロナ後にまちを〝超回復〟させる3つのポイント

今話題を集めている筋トレ。その世界には〝超回復〟という言葉があります。筋トレによって破壊された筋肉が、十分な栄養と休息を経て大きく回復し、破壊前よりも筋肉の総量が増えることをいいます。自治体職員は、**コロナ後のまちづくりを考えるとき、単に元の水準に戻すだけでなく、超回復をめざした取組みを行う**ことが求められます。

超回復を実現するには、３つのポイントがあります。

第１に、現役世代が地元で過ごす時間が増えたこと等によるコミュニティの進化や地産地消を通じた地域経済の活性化を活かすことです。

第２に、コロナ禍に対応するために揺らぎ、変化を余儀なくされた各種の常識や規制緩和をコロナ後にも活かすことです。学校の休業を契機にした学習指導要領の柔軟な運用などがその例です。

第３に、デジタル・トランスフォーメーション（ＤＸ）。テレワークやオンライン会議・

オンラインセミナーの浸透、オンライン教室の整備、シニア世代のデジタル化など、デジタル化を活かした新しい可能性が広がっています。

コロナ禍によって多くのものが失われた今、コロナ後に元の水準に戻すだけでは不十分です。コロナ禍を契機に変化した制度や仕組みを元に戻さず、最大限活用して、まちの〝超回復〟を実現しましょう。

※1　厚生労働省：新型コロナウイルス感染症の国内発生動向速報値（令和3年5月5日18時時点）
※2　国立感染症研究所ウェブサイト：重症急性呼吸器症候群〈SARS〉「可能性例」の国別まとめ
※3　国土交通省：「テレワーク人口実態調査」（令和3年3月19日発表）
※4　内閣府：「新型コロナウイルス感染症の影響下における生活意識・行動の変化に関する調査」〈https://www5.cao.go.jp/keizai2/manzoku/pdf/shiryo2.pdf〉（2021年6月4日閲覧）

第1章

求む！ミライを創る公務員

1-1

崩壊する終身雇用、減少する新規採用

第1章では、コロナ禍を含めた大きな社会変化を受けて崩壊する自治体人事の〝常識〟と、生駒市長を務める私が考えるこれからの自治体の人事施策・職員像を整理します。

大前提として、公務員の終身雇用制度は近い将来確実に崩壊します。より正確に言えば、採用者のすべてもしくはほとんどを新卒採用とし、そのすべてを40年近く雇用し続けるというモデルは、社会変化とこれからの行政組織に求められるニーズなどに照らして、確実に合理性を失い、消滅していくのです。

地方創生の本当の課題は自治体の人材問題

地方創生は、人口減少・高齢化、国民ニーズの多様化等が顕著なわが国にとって不可欠な方針です。しかし、地方創生を本気で具体化するには、現時点では、国、地方のそれぞれに大きな課題があります。

まず、国は「困っている自治体」でなく、「本気で頑張る自治体」を支える姿勢を明確にしなければなりません。単に「人口が少ないから」「高齢者が多いから」「自主財源が少ないから」といった理由だけで頑張りが足りない自治体を支援したり、全自治体に悪平等的な支援をしたりすると、地方創生は単なるスローガンで終わります。

他方、自治体サイドにおける最大の課題は〝ひと〟です。

地方創生を具体化するためには、まちの課題を見つけ、市民や事業者とともに解決策を考え、具体化しながらまちづくりを楽しむことのできる人材を採用することが不可欠です。しかし、多くの自治体は長きにわたり採用活動に力を注いできませんでした。採用説明会もせず、ウェブサイトも整備せず、採用したい人材像を明確にせず、漫然と採用を続けてきた自治体がたくさんあります。これでは地方創生は夢のまた夢です。

多様な人材雇用には自治体の人事改革が不可欠だ

これからの時代は、採用すべき人材や採用手法を抜本的に見直す〝人事改革〟が不可欠です。

今までのように、法令に基づき国から指示された業務をミスなく対応するうえでは、一定レベルの事務能力があり、職員の同質性が高いほうが都合がよかったかもしれません。長年勤務した職員の経験がものをいう機会も多かったでしょう。

しかし、地方創生の時代は、今まで取り組んだことのない新規事業に挑戦したり、地域に飛び出して市民の力を引き出したり、デジタル化などの専門的な課題に対応したり、障がい者やＬＧＢＴの視点を活かしたりと、多様かつ専門性の高い人材が必要となります。

したがって、新卒採用に偏りすぎている現在の採用制度自体を見直し、専門性の高い人材、イノベーションを起こせる人材など、多様な人材を中途採用で雇用するスタイルにシフトしていくことが自然な流れです。その分野の〝プロ〟として働く任期付職員の採用も視野に入れるべきでしょう。

新卒採用者の面接や育成の難しさ

中途採用を増やすべきと考えるもう一つの理由は、新卒採用者の面接や育成の難しさです。中途採用者には専門性や即戦力性を求めることが多いですが、これらは職務経験や実績などからかなり正確に見極めることが可能です。

新卒の場合は将来性やポテンシャルを期待しての採用となりますが、短時間の面接でこれらを判断することは容易ではありません。将来性というのは専門性よりも曖昧な概念ですし、新卒の場合は職務経験や仕事上の実績もないので、学生時代の経験や面接でのやり取りから判断せざるをえないためです。

育成が難しくなっていることも新卒採用の課題の一つです。

求められる力が長年変化していないのであれば、上司や先輩が新卒者を育成することは難しくありません。しかし、地方創生の時代、新しい課題が次々に生まれ、それらに対応するためのスキルや知識も多種多様です。自治体職員に求められる能力も大きく変化しており、上司が部下を指導できる分野が限られるだけでなく、昔ながらのやり方を押し付ければ、かえって育成にマイナスになることもあります。育成手法、管理手法の抜本的改善を図るとともに、即戦力となる中途採用を増やしていくことも重要な選択肢です。

こうした問題意識に基づき、生駒市では後述する「プロフェッショナル人材採用」を行い、中途採用の積極化とそのために必要な採用手法の抜本的な改革に取り組んでいます。

このような動きは全国にどんどん広がっており、中途採用やプロジェクトベースでの採用が当たり前の時代になっていくでしょう。

1-2

専門性とリーダーシップを備えた「プロフェッショナル人材」を仲間にする3つの条件

専門性とリーダーシップを兼ね備えた「プロフェッショナル人材」の採用を進める自治体が増えています。

このような人材を確保するためには、「常勤」「フルタイム」「リアル出勤」といったこれまでの働き方の常識を抜本的に見直すなど、必要な人材が力を発揮できる新しい働き方や環境整備に関する３つの条件を整えることが不可欠です。

プロフェッショナル人材を採用するための3つの条件

プロフェッショナル人材とは、官民を問わず、これからの社会変化に対応し、変化をチャンスに具体化できる高度な専門性とリーダーシップを有した人材のことをさします。生駒市のほかにも、神戸市や福山市などの自治体が、このような人材の採用を進めており、その動きは全国の自治体に急速に拡大しています。

しかし、**プロフェッショナル人材を採用するためには、働きやすく、力を発揮できる環境を整備する必要**があります。生駒市では以下の3つの条件を整備しました。

第1に、「やりがい、キャリア・成長」を実現できる職場の整備です。

プロフェッショナル人材は、自治体でやりがいのある事業に従事し、仕事を通じて成長し、今後のキャリアにつなげたいと考えています。

これに応えるため、生駒市では、採用プロセスの中で、一人ひとりのこれまでの経験やスキル、希望する仕事内容などをきめ細かくヒアリングし、意見交換を重ねて、担当するプロジェクトを決定しました。多くの人が、単なる企画立案ではなく、現場で市民や事業者とコミュニケーションをとりながらまちづくりを進める仕事を希望していたので、この点はできるだけ配慮しました。

第2に、力を発揮できる「人間関係における環境の整備」です。プロフェッショナル人材が、職場の人間関係で必要以上の苦労をすることなく、気持ちよく力を発揮してもらう環境づくりも欠かせません。

生駒市では、プロフェッショナル人材と、従来から生駒市役所で働いている職員（プロパー職員）との橋渡しを行いつつ、自らも両者から学び成長できる職員を配置して円滑なコミュニケーションに配慮したほか、私や人事課がプロフェッショナル人材やその上司・同僚などと定期的な面談を行いました。

民間人材の中には、「自治体はしがらみも多いと聞くが、成長やキャリア、やりがいにつながるような挑戦的な仕事ができるのか？」と不安に感じる人も少なくありません。このときにものをいうのが、自治体が取り組んできたこれまでの先進事例とその発信です。

採用活動の成否は、活動そのものよりも、その自治体がこれまでどのようなまちづくりや組織づくりを進めてきたか、その成果をしっかり発信してきたかどうかに大きく左右されます。

実際、生駒市が市民とともにこれまで積み重ねてきた先進的な取組みときめ細やかな発信により、多くのプロフェッショナル人材に「生駒は違う」と信じてもらうことができました。平時の取組み・発信を積み重ねておくことが、有事や勝負所での最大の切り札となるのです。

プロフェッショナル人材の採用に必要な第3の条件が「働きやすい『労働』環境の整備」です。

これまでの自治体では「常勤・フルタイム・リアルな出勤」という働き方が当たり前でしたが、**「複業・フレックス・テレワーク」の働き方ができるように大きく仕組みを転換**し、首都圏など生駒市から離れた場所で居住、勤務する人材の確保を図りました。

本気で地方創生のまちづくりを進める自治体の仕事は魅力的ですが、官民のプロフェッショナル人材が、今の仕事を完全に辞め、引っ越してまで、自治体職員としてフルタイムで働くことは容易ではありません。

したがって、今の仕事を続けながらでも自治体で働くことができる環境や制度を整備することにより、多様で優秀な人材を確保することが可能となります。コロナ禍によりテレワークが一気に浸透し、〝通勤〟という常識が崩壊した今、このような働き方の環境整備ができない自治体には人材が集まりません。

生駒市でも、「東京で企業に勤務しながらテレワークで生駒市の仕事を週1回やる」「生駒市役所で働くけれど、週1日はNPO法人で別の仕事をやる」といった、これまでは考えられなかった柔軟な働き方を選択する職員が誕生していますが、これが今後の自治体職員の働き方のスタンダードになっていくのです。

生駒市が展開したプロフェッショナル人材獲得作戦と課題

生駒市では、このような3つの条件を整備したうえで、採用のメインターゲットである民間のトップ人材にアウトリーチするため、エン・ジャパン株式会社と協定を締結し、多くの転職希望人材とのご縁をいただきました。ビジネス誌に私がコラムを執筆するなど、民間人材が目にするメディアへの露出も増やし、「生駒市ならおもしろいことができるかもしれない」というイメージを持ってもらうためのプロモーションを展開しました。

このような取組みの結果、7分野に1025人もの申し込みがあり、最終的には常勤3人、非常勤6人の合計9人を採用しました。非常勤の6人は全員ほかの仕事との複業を行い、このうち4人はテレワーク勤務となっています。想定どおり、多様な働き方による多様で優秀な人材の獲得に成功したのです。

採用されたプロフェッショナル人材は、コロナ禍という大変な状況でのスタートとなりましたが、目の前にあるコロナ禍への対応に力を発揮するとともに、公務員の仕事のルールなども理解し、地域との交流も始まり、具体的な成果を上げ始めています。

生駒市のビジョン・ミッション・バリューの策定、ワーケーションやサテライトオフィスの誘致を含む観光事業の土台づくり、公民連携の本格化やスマートシティの具体化、サービスデザインの市役所業務への導入、コロナ禍に対応するための寄付の促進や全国初となる「さきめし」事業の成功、生駒市版小規模多機能自治ともいえる「複合型コミュニティ」の開始など、生駒市のこれからを支える事業の推進に、プロフェッショナル人材は大いに活躍してくれています。

一方、今後の課題としては、より効果的・効率的な採用プロセスの整備が挙げられます。人材採用会社と連携した生駒市の採用プロジェクトは全国初の取組みであり、前例がほとんどなかったことから、副業人材の労務管理制度の整備、テレワーク勤務のセキュリティなど、多くの難問が発生しました。

これらの課題を人事課が中心となってクリアしてくれたことが今回の採用の成功に大き

く寄与していますが、今後は、最先端の人事システムの導入・活用による業務の効率化、テレワークや副業などによる多様な働き方を効果的に管理する仕組みの整備などを進め、大変な労力が必要なプロジェクトを、毎年コンスタントに実施する体制・仕組みづくりが必要です。

また、**プロフェッショナル人材と、プロパー職員との円滑な関係性**を構築することも重要です。両者が対立・衝突することはもちろん、互いの強みを活かし合うことができなければ、市民のためにプラスになりません。

地域の歴史や文化、可能性のある人・モノ・場所などを一番知っているのはプロパー職員なので、彼らの知見をプロフェッショナル人材に伝え、逆に専門知識を教わるなど、両者がよいシナジーを生むための場や機会をしっかりつくることが大切です。また、プロパー職員の中にもプロフェッショナル人材に負けない専門性やリーダーシップを発揮する職員もいます。プロパー職員の育成や活躍の場を確保しながら、両者を二項対立的に位置づけるのでなく、相互にシナジーを生む制度・仕組みを構築することも、プロフェッショナル人材登用には不可欠です。

「プロパー職員が賛成しないからプロフェッショナル人材の採用を控えます」という考え

方はあまりにも事なかれ主義であり、両方の人材に対する配慮をしっかりとしながら、新しい採用手法に挑戦していく必要があるのです。

大切なポイントは、プロフェッショナル人材を採用した自治体がどれだけ成果を出し、それを発信できるかです。これができないと、「自治体では民間人材が力を発揮できる環境がまだない」というイメージが定着し、さらなる人材の確保が難しくなっていくからです。

生駒市のほか、神戸市、福山市などで始まっているプロフェッショナル人材の採用は、今後、多くの自治体に展開していき、人材確保の激しい競争が始まります。この動きに乗り遅れた自治体は消滅への道を歩み始めます。逆に言えば、多くの自治体でこのような採用が広がっていくことにより、日本全体の地方創生のまちづくりにつながっていくはずです。

1-3

地域に飛び出す職員が自治体３・０を創出する

コロナ禍により、コミュニティが大きなダメージを受けると同時に、在宅勤務により、地域を身近に感じる人も増えています。自治体職員は、今こそ地域に飛び出し、コロナ禍後の市民との協創によるまちづくりを考え、具体化する必要があります。

地域づくりを加速させ、職員自身も豊かな人生を過ごすため、地域に飛び出す職員を応援する取組みが自治体に求められています。

自治体職員も例外ではないコロナ禍の働き方改革

序章で述べたように、新型コロナウイルスの感染予防のため、テレワークが一気に浸透しました。今まで当たり前だった〝通勤〟という概念が崩壊し、多様な働き方が広がった結果、平日も自宅で仕事をしたり、地域で過ごす人が増えています。

自治体の職員もこの例外ではありません。窓口対応が多く、情報セキュリティをより厳格に求められる行政組織においても、テレワークを活用する動きは高まっています。

1－2で述べたように、生駒市ではプロフェッショナル人材を採用するために、他自治体に先駆けて「複業・フレックス・テレワーク」といった働き方を整備してきましたが、プロパー職員の働き方がこれまでと変わらないのではあまり意味がありません。

これからの**自治体は、プロパー職員を含むすべての職員にテレワークをはじめとする多様な働き方を認め、それを職員の満足度向上や地域づくりに活かす必要**があります。私は、自治体職員がテレワークや副業などを行うべき、4つの理由があると考えています。

自治体職員にテレワークや副業を勧める4つの理由

第1の理由は、新型コロナウイルス感染症対策に加え、障がいを持つ職員や妊娠中の職員、子育て・介護中の職員が働きやすい環境を整備することにより、**職員満足度を上げ、**

仕事のパフォーマンスを向上させるからです。

大雨や大雪、台風などの日は、災害対応に当たる職員以外は無理に出勤する必要はないはずです。特に障がいを持っていたり、妊娠している職員を出勤させるほうが問題ですし、警報が出て学校が休みになれば小さい子どもがいる職員は自宅で世話をする必要もあります。

コロナ禍によって自治体職員のテレワークがタブーでなくなった今、この流れを元に戻してはいけません。子育て・介護中の職員のフレックスタイムや時短勤務も同様です。

第2の理由は、職員がテレワークをしたり、地域に飛び出したりすることで、**市民に対する説得力が増す**ことです。

新型コロナウイルスの感染拡大防止のため、

図表1-3-1 ● 自治体3.0の考え方

	自治体1.0	自治体2.0	自治体3.0
市民との関係	● できるだけかかわりたくない ● 接遇にすら課題	● 市民＝お客様 ● 行政主導	● 市民とともに汗をかく ● 協創
基本目的	特になし	差別化	価値創造
コンセプト	● 無難に毎日を過ごす ● 前例踏襲	● ニーズに応える行政 ● “市民満足”の追求 ● 民間企業に負けない	● まちを楽しむ！ ● みんなの課題はみんなで解決！
ターゲット	● 特になし ● (衰退をなるべく緩やかに)	● 市外の人を呼び込む	● 市内在住者の満足度アップ ● (結果として)転入増

自治体は市民や事業者に対し、テレワークの利用を推奨・要請しています。

また、これからのまちづくりは、市民と行政がともに汗をかいて進める「自治体3・0」が基本となります。市民を単なる〝お客様〟にするのではなく、自分が住みたいまちを具体化するために市民自ら行動し、行政がそれを全力で応援・伴走するまちづくりです。自治体3・0のほうが多様なまちづくりが進み、かつ、自ら汗をかいた市民が定住する傾向が強いのです（拙著『生駒市発！「自治体3・0」のまちづくり』〔学陽書房〕12ページ参照）。

このように、市民に対し、テレワークの利用やまちづくりへの参加を求める以上、自治体職員も自らテレワークを活用したり、一市民として地域に飛び出してまちづくりに貢献したりすることによって、市民に対する説得力は大きく高まります。

第3の理由は、職員の成長と本業への還元です。

地域に飛び出したり、副業を経験したりすることにより、役所の中では気づかない現場の課題やアイデアを学んだり、地域づくりのキーパーソンを見つけ、信頼関係を構築することができます。また、役所では若手職員が裁量を発揮できる機会はまだまだ限定的ですが、地域活動ではプロジェクトを任せられ、判断力やリーダーシップを発揮する機会が多く、役所では経験できない成長機会に恵まれることも少なくありません。私自身、若手国家公務員だった頃、同期とともにＮＰＯ法人を立ち上げ副代表に就任したことによって、仕事では会えないような人と出会い、仕事では経験できないような場に参加する機会に恵まれました。このような知見は、激動の時代を生き抜く職員の育成にも効果的であり、本業にも大いに役立つのです。

第４の理由は、自治体職員自身の豊かな生活につながることです。

子ども食堂などの地域活動を手伝って地域に仲間をつくったり、空き家を活用した民泊事業やキッチンカーなどのコミュニティビジネスに挑戦して副収入を確保したりすることで、自治体職員も〝稼ぐ〟ことの大変さや市場の動向を理解するとともに、仕事だけではない、多様で豊かな暮らしを実現することができます。

第４章で詳細を説明しますが、公務員の終身雇用が終焉を迎え、テレワークやフレックスタイムなどの多様な働き方ができるようになった今、自治体職員は、地域に飛び出し、副業も視野に入れた働き方や生き方など、多様性のある人生を具体化してはいかがでしょうか。また、自治体もそのような職員を応援していく必要があるのではないでしょうか。

1-4

固定観念を打ち破れ！自治体による職員の副業支援

1－3で、自治体職員が地域に飛び出す意義を説明しましたが、自治体が職員の副業を応援することも、地域に飛び出す職員を応援するために重要な取組みの一つです。

本節では生駒市が副業支援に至ったプロセス、実現のための環境整備、得られた成果と課題を詳しく紹介します。

生駒市における副業支援制度の背景・目的

地方公務員法38条には、「職員は、任命権者の許可を受けなければ、（略）、営利を目的とする私企業（略）の役員（略）を兼ね、若しくは自ら営利企業を営み、又は報酬を得ていかなる事業若しくは事務にも従事してはならない」と規定されています。

逆に言えば、**本業に真摯に取り組んだうえで、任命権者の許可を受け、本業の権限を副業に悪用したり、利害相反行為になったりしなければ、適切な額の報酬を受け取る事業等を行うことは可能**ということです。

近年、「地方創生」の旗印の下、法令に基づく業務をミスなく処理するだけでなく、地域の課題に直接触れ、その解決のため、地域人材の発掘や公民連携、発展可能性のある場所や産業振興の種などを見つけることが、自治体職員に求められています。また、1－3で述べたように、自治体3・0のまちづくりを進め、市民にも汗をかいてもらう以上、職員自身が〝一市民〟として地域活動に汗を流すことが必要です。

ボランティア活動でも副業でもかまわないのですが、公務員側にも市民側にも「公務員が副業をしてはいけない」という思い込みがあり、民間企業の社員と同じ地域活動をしても公務員だけ報酬が出ないという事例がよくあります。そこで、適正な活動による適切な額の報酬は公務員でも受け取ってもよい、と明確に示すことにより、職員が気持ちよく地域活動に従事できる環境を整備したのです。

具体的な取組み内容

このような考え方の下、生駒市では職員が職務外に報酬を得て地域活動に従事する際の基準を定め、2017年8月1日より運用を開始しました。2018年8月1日からは基準を一部改正して対象を拡大しています。

具体的な内容（抜粋）は次のとおりです。

(1) 対象となる活動

次の要件をすべて満たす活動であること。

- 公益性が高く、継続的に行う地域貢献活動であって、報酬を伴うもの。
- 市内外の地域の発展、活性化に寄与する活動であること。

「地域の発展、活性化に寄与する活動」の解釈は過度に狭義にとらえず、多様な可能性を認めうると考えており、活動内容を精査して判断します。

当初は市内の活動のみを対象としていましたが、生駒市職員の半数近くが市外在住であることや、市外の地域活動も、本業や本市の地域活動にプラスとなると判断し、〝市外〟の活動も対象に追加しました。

（2）対象職員

次のいずれにも該当する者であること。

- 一般職の職員（パートタイム会計年度任用職員は除く）であること。
- 活動開始予定日において在職1年以上であること又は本市以外で1年以上の職務経験（正規職員相当に限る。）を有すること。
- 活動開始予定日の直前の人事評価について、目標達成度評価および職務行動評価の前1回の評価が、ともにB以上である者。

当初は在職3年以上の職員に限定していましたが、地域活動に取り組む若い職員が増えていること、できるだけ若いうちから地域に飛び出す経験を積んでほしいことなどの理由から、「在職1年以上」と対象を大きく拡大しました。

一方、本業の評価が低い職員が地域活動を行うことへの市民感情も考慮し、人事評価を

B評定以上に限定しています。

（3）審査基準

以下のいずれにも該当していること。

- 勤務時間外、週休日及び休日の活動であり、職務の遂行に支障を来たすおそれがないこと。
- 地方公務員法第33条に規定する信用失墜行為の発生のおそれがないこと。
- 活動先の団体等と生駒市との間に特別な利害関係が生じるおそれがなく、かつ特定の利益に偏することなく、職務の公正の確保を損なうおそれがないこと。
- 報酬は、地域貢献活動として許容できる範囲であること。
- 市内外の地域の発展、活性化に寄与する活動であること。
- 営利を主目的とした活動、宗教的活動、政治的活動、法令に反する活動でないこと。

現行の法令では、常勤職員については、勤務時間外の副業しか許可することができませんが、週3日非常勤職員として働き、残り2日を副業に充てる、といった半公半X（エックス）という働き方を選ぶ人も増えてくるでしょう。

副業制度の成果と課題

生駒市が副業を許可した職員の数（２０２０年度）は16人であり、部長から係員まで幅広い層が対象となっています。副業の内容としては、スポーツ団体のコーチ、ＮＰＯ活動、地域情報化アドバイザー、大学での講義など多岐にわたります。

副業に従事した職員からは、「異業種の方と知り合い、接することから得られる知識やアイデアを本業に活かせる」「無償で活動していたときよりも責任を感じ、一つ一つの行動をより深く考えるようになった」「子どもたちと触れ合うことで自分の心をリフレッシュできる」「活動には交通費や消耗品費などさまざまな雑費がかかるため、この制度はありがたい」「仕事と家族と活動の相互の関係性を認識することで、三者が互いに与えるよい影響のバランスを保つことで相乗効果が得られる」などの声がありました。

一方、今後の課題としては、副業に対する職員、特に管理職のイメージを変えていく必要性が挙げられます。

私は管理職に対し、「『本業をちゃんとしてから副業を語れ』と言わないようにしてほしい」と伝えています。そんなことを言わなくても、地域に飛び出した職員は、自然と本業もしっかりやるようになります。本業がしっかりできていなければ副業を批判されることを理解しているからです。

むしろ、管理職が**部下を伸ばしたいときには、地域に飛び出す部下を応援することが、本業での成長を促す有効な手段**になるのです。

地域の活性化や地方創生に本気で取り組めば取り組むほど、本業と地域活動の境界は曖昧になっていきます。そのことを理解し、地域活動を毎日の生活に少しずつでも組み込んでいける自治体職員は、終身雇用が崩壊するこれからの時代を生き抜き、また、楽しく仕事をし、暮らすことができます。そういう職員を多く育て、支援できる自治体が生き残り、成長していくことはいうまでもありません。

1-5 年功序列でも単なる実力主義でもない、ビジョン・ミッションを具体化できる人が登用される

公務員の世界でも年功序列はすでに崩壊しつつあります。経験の長さだけでは対応できない課題が増えているからです。ただし、単に実力主義を導入すればうまくいくというわけでもありません。

これからの自治体人事や組織運営は、まちのビジョン、役所のミッション、それらに基づく行動基準や価値観（バリュー）を定め、若手職員でもベテランでも、これらを理解し、具体化できる人を積極的に登用することが必要です。

ビジョン・ミッション・バリュー（ＶＭＶ）に基づくまちづくりや自治体経営が必要な理由

ビジョンとは、「めざすべき理想像、あるべき状態」であり、組織という視点を超えて、社会がどうなってほしいか、どういう社会をつくるのか、という理想や想いを形にしたものです。

ミッションとは、「ビジョンを達成するために、組織が取り組むべきこと、使命」のことです。

バリューとは、「ビジョン・ミッションを達成するために、組織やその構成員が大事にする価値観や行動指針」です。

ビジョン・ミッション・バリュー（ＶＭＶ）の設定とそれに基づくまちづくりや自治体経営が必要な理由は、組織の力を最大化し、理想を実現するのに不可欠だからです。

たとえば、サッカーチームが強くなるためには、選手それぞれが、自身のフィジカルやメンタルを鍛えて個の力を上げていくことと、すべての選手が監督のめざすチームの方針を理解してピッチ上で具体化することの両方が必要です。

個の力を上げないと監督の期待に応える動きができません。同時に、チームの方針や戦術が不明確だったら、どのような個の力を伸ばしていけばよいのかもわかりませんし、個々がバラバラでチームとして完成しません。

市長は選挙を通じて選ばれ、社会の変化や市民が公務員に求めるニーズを見極めながら大きな方向性を示します。その方向性に沿った形で、各部長や課長が、それぞれの部や課のミッションを定めることにより、部課員の意識をそろえ、個々の能力開発を促し、具体的な行動を求めていくわけです。サッカーの監督が定めた方針に沿って、攻撃、守備、ゴールキーパーなどの各コーチがそれぞれの方針を定め、選手が個の力を伸ばし、試合で実践するのと同じです。

何より大切なことは、**ＶＭＶを明確に示すことは、組織の方針を構成員に押し付けるという意味ではなく、むしろ、その方針に沿った形であれば、構成員一人ひとりが裁量を持ってどんどん行動してよい、というお墨付き**を与えていることにあります。これにより、メンバーの自由度が増え、自主的な動きが増え、リーダーシップも促進されるのです。

生駒市のビジョン・ミッション・バリュー

具体的なイメージを持っていただくために、生駒市のＶＭＶを紹介します。

生駒市のあるべき状態（ビジョン）は、「自分らしく輝けるステージ・生駒」です。

さまざまな能力や経験を持った市民や地域の力はまちづくりの最大の推進力であることを明確にしたうえで、生駒のまちを、多様な生き方や暮らしをかなえる機会や場（ステージ）ととらえ、主役である市民が仲間を得て、夢をかなえ、輝く人生を送れるよう、まち全体が応援できるようなまちづくりをめざしています。

生駒市役所の使命（ミッション）は、「このまちで暮らす価値を、ともにつくる」です。

このまちで「住む」だけでも「働く」だけでもなく、地域とのかかわりを持って、輝く毎日をすごすことを含む広い概念として「暮らす」を採用しています。また、主語を明記せず単に「ともにつくる」としたのは、行政だけでなく、市民との協創によるまちづくりはもちろんのこと、市内事業者、生駒市のファン（関係人口）、市外事業者や専門家など、あらゆる主体との関係をつなぎ、連携しながらビジョンを達成していくという意味だからです。これまで私が提唱し、生駒市で取り組んできた「自治体３・０」や「ワーク、ライフ、コミュニティの融合」のまちづくりなどを凝縮してできたのがこのミッションです。

そして、ミッションを遂行し、ビジョンを達成するため、生駒市役所とその職員が大事にする価値観・行動基準（バリュー）は、「生駒愛・人間力・変革精神」の3つです。

- 生駒を愛する職員が、地域に飛び出し、
- 市民や専門家などとコミュニケーションをとりながら信頼関係を築き、
- 現場の課題や市民ニーズへの対応にともに汗をかきながら、まちに変革をもたらしていく

というイメージですが、詳細は第3章で説明します。

組織にビジョン・ミッション・バリューを浸透させる3つの取組み

VMVを策定した後は、組織に浸透させ、具体的な行動につなげることが不可欠です。取り組むべきことは、大きく3つあります。

第1に、ビジョン・ミッションを具体化する事業への優先的な予算・人員の配分です。

自治体の財政状況が厳しくなる中で「新しい事業を行うなら古い事業を廃止せよ」というスクラップ&ビルドの考え方が浸透していますが、私は単なるスクラップ&ビルドには反対です。「ビルドもスクラップも負担が大きいのに、それらを同時に求められるのなら何もしないほうがよい」となりがちだからです。

また、予算は一定確保できても、それに見合う人員が手当てされないこともよくあります。このような状況では、ビジョン・ミッションを実現する取組みや行動は生まれにくいでしょう。

したがって、毎年シーリング（上限枠）で全体の予算・人員を抑制しながら、ビジョン・ミッションを具体化するための事業には手厚い人的支援と予算措置を行うことにより、「単なる現状維持・前例踏襲は後退であり、挑戦する者だけが生き残る」「ビジョン・ミッションの達成こそ、組織の最優先事項である」ことを明確に示す必要があります。

第2に、バリューに基づく人材基本方針を定め、人事制度に落とし込むことです。

能力の高さよりもバリューにフィットしているかどうかを優先することを明確にし、採用、育成、評価、任用などのすべての仕組みに徹底的に具体化します。詳細は第2章で紹介します。

第３に、組織全体を巻き込んだ機運や場づくりです。

ＶＭＶを職員とともに一からつくることも一つの方法ですし、市長自らがＶＭＶを定める場合は、どうしてＶＭＶが必要なのか、ＶＭＶに込めた想いなどについて繰り返し職員や市民に語ることが求められます。

さらに、市全体のＶＭＶを踏まえて、各部や各課におけるミッションも作成し、ＶＭＶに基づく自治体経営を自分事にしてもらったり、市長室をオープンにしてＶＭＶについての意見交換を行ったり、ときめ細やかな取組みを丁寧に進める必要があります。

生駒市のビジョン「自分らしく輝けるステージ・生駒」に定めるように、自治体という職場も、職員が自分たちの想いを具体化するステージです。市役所の組織には、職員が輝くための機会や場がたくさんあり、それを応援する仲間もいます。自治体職員は、ＶＭＶの内容を理解し、それに沿った形で、どんどん自由に行動していくことを求められているのです。

第2章

ピンチからの〝超回復〟を実現できる自治体とは

2-1

コミュニティ再生のキーワードは〝超回復〟

本章では、コロナ禍を含めた大きな社会の変化に、自治体がどのように対応していくべきか、その方向性を提案します。

キーワードは〝超回復〟。新型コロナウイルス感染症によって受けたダメージを乗り越え、コロナ禍以前の水準に戻すだけではなく、以前よりも高い水準へと発展・成長をめざす視点と行動が大切です。

本節ではコミュニティについて取り上げます。コロナ禍により甚大な影響を受けた地域のコミュニティ。立ち直るだけでも大変ですが、ピンチをチャンスに変える発想で超回復をめざしましょう。

現役世代の意識の変化を活かす

コミュニティの超回復に重要な要素の1つ目は、**現役世代のコミュニティに対する意識の変化を活かす**ことです。

平日の在宅勤務が始まり、現役世代は、自然に家族や地域へと目が向いています。子どもとの会話をきっかけに、教育について考えたり、近所を散歩しながらいつも地域の公園や自治会館の様子を見たりする機会も増えます。サロンに出かけていた両親が、コロナ禍で行く場所を失い、元気をなくす様子も見ているでしょう。

地域に目が向くことで、これから地域でどう暮らしていくかを考える人も増えます。仕事だけでいいのか、ワーク・ライフ・バランスだけでいいのか、人生100年時代に地域でどう暮らせば豊かな人生を過ごせるのか。このようなことを考え始めた現役世代が地域で第一歩を踏み出すきっかけをつくり、背中を押すのが、これからの自治体の大切な仕事です。

たとえば、現役世代を対象に退職後を見据えたセミナーを開催したり、在宅勤務者もターゲットとして意識しながら自治会館で子ども食堂やまちかど図書室を実施するなど、地域への関心を行動へと転換してもらうためにできる支援や機会づくりはいろいろあります。生駒市ではサテライトオフィスの開設に補助金を設けていますが、この補助金を申請して市内にオフィスを開設した会社がすでに3社あります。意見交換の場では「地域に貢献したい」「地域を楽しみたい」という声が自然と出てきました。

コロナ禍は、新しく、頼もしいまちづくりのプレイヤーを生みつつあるのです。

地産地消と自給自足を手がかりにする

1990年代後半に米国で生まれた、LOHASというライフスタイルは、その後日本でも注目を集め、「スローライフ」「里山資本主義」など、関連する考え方や言葉が、まちづくりやライフスタイルのキーワードであり続けています。

変化が激しい社会の中で、雄大な自然の中の自分を意識して暮らしたいという想いは、時が流れても人々の心から消えることはありません。むしろ、社会変化のスピードが増す中で、ますますこのような考えやライフスタイルへの傾倒は進んでいるように思えます。

コロナ禍でのアウトドアブームや、花と緑、野菜の栽培などを始める人の増加がその一例でしょう。

ＬＯＨＡＳ的な生活が改めて見直される中で、私が注目しているのは**「地産地消」「自給自足」的な要素が、コミュニティの超回復にも重要な役割を果たす**のではないか、という点です。

コロナ禍によって花や緑、野菜の栽培を始める市民が増えたことは、自分が住む家が地域の中にあることを意識し、単に「家に住む」だけでなく、「地域の恵みをいただきながら暮らす」行動様式、すなわちコミュニティ活動を経験するきっかけになります。

また、地産地消といえば、生駒市民には大阪市内に通勤している人が多く、仕事や買い物、外食などを市外で済ませることから、地域消費がなかなか進みませんでした。当市の地域消費率は全国でも最も低い水準です。しかし、コロナ禍により「家のすぐ近くにこんな素敵な店があるんだ」と気づいた市民は、コロナ禍に苦しむ飲食店の支援の意味も込めて、地域消費を増やし、地元のよさを発見し始めています。

今まで大都市で消費していた人たちが、地元でご飯を食べたり、買い物したりするようになれば、地域経済の活性化につながるだけでなく、地元に飲み友達ができたり、ひいきのお店ができたり、とコミュニケーションも活性化し、コロナ後のコミュニティの超回復にも寄与します。

高齢者のデジタルリテラシー向上を促す

高齢者のデジタルリテラシーの向上もコミュニティの超回復の重要な要素です。コロナ禍で、孫と会えない高齢者がオンラインでコミュニケーションをとったり、回覧板を持っていくことすら気を遣わなくてはいけない状況下で、メッセンジャーアプリのＬＩＮＥなどを活用して自治会の連絡をしたり、と高齢者世代に対してもデジタルという概念がタブーではなくなりつつあります。実際に、高齢者の多い自治会から「ＩＣＴを活用した地域のコミュニケーションの活性化」に挑戦したいという話があり、生駒市でも自治会での高齢者スマートフォン教室を支援しています。

さらに、ＩＣＴを活用しない市民に対し、日々更新される新型コロナウイルス感染症に関する情報伝達に大変苦労したことから、高齢者をはじめとする市民のＩＣＴリテラシーのさらなる向上に向けた取組みを進めています。たとえば、市民団体を対象としたオンライン会議サービスＺｏｏｍの使い方講座を開催したところ、多くの参加があり、最初は受講生だった人が最後は講師側に回るなど、高齢者も瞬く間にスキルを身につけています。また、行政にすべてを頼るのではなく、市民どうしがお互いに教え合うなど、コミュニケーションの活性化にもつながっており、コミュニティの超回復の芽が育ちつつあります。

コミュニティのデジタル化は単なる高齢者の問題ではなく、若い世代が自治会活動に興味を持ったり、参加したりするきっかけとしても重要な意味を持ちます。今、テレワークやオンライン授業で自宅にいる時間が増えた若い世代の中には、自治会活動に関心のある人も少なくありません。しかし、「自治会活動は高齢者が中心で、若い世代の声が通りにくいのではないか」「ＩＣＴを利用しない自治会活動は負担が大きく時間もかかる」と考える人が多く、実際に自治会活動に参加する人は限られていました。今後、ＩＣＴによる連絡や会議が実現して活動が効率化され、若い世代の声も活動に反映されるのなら、自治会活動に参加してもよい、と思う現役世代も増えるはずです。

近所の人たちがオンラインでつながれば地域単位でのシェアリングエコノミー（インターネットを介して個人と個人・企業等の間でモノ・場所・技能などを売買・貸し借りする等の経済モデル）が進み、送迎や託児などの子育てシェア、草刈りや買い物などの家事支援などの助け合いも具体化します。現役世代にとっても、コミュニティとつながっていたほうが有益になるのです。

以上のことから、自治体が、高齢者のデジタルリテラシーを高めるための取組みを支援し、自治会活動や地域活動のデジタル化を進めることにより、若い世代の地域参加や地域活動の後継者問題に一定の改善が期待できます。将来的には、行政ではなく、ＧＩＧＡスクールで学んだ地域の若い世代が高齢者に対してスマートフォン教室を行うなど、世代交流を進めながら、子どもを〝守るべき〟存在に固定せず、まちづくりの一員として活躍させる場をつくることが理想です。

デジタルデバイド（ＩＣＴなどを利用できる者と利用できない者との間に生じる格差）を恐れるのではなく、デジタルインクルーシブ（ＩＣＴなどを活用して多様な人が輝き、相互に支え、支えられながら共生している状態）な社会の実現に積極的に取り組むことにより、「活動の世代交代が進まない、後継者がいない」というコミュニティの一番大きな課題に対応していくことができるのです。

2-2

まちづくりのプラットフォーム「まちづくり会社」

コロナ禍をきっかけとして地域に関心を高めた市民が、その想いを形にするための挑戦を全力で支援・伴走するのが、まちづくりのプラットフォームです。「まちづくり会社」は、今後のまちづくりの超回復のプラットフォームにもなる、地域に欠かせない存在です。

新時代のまちづくり会社とは？

そもそもまちづくり会社といってもいろいろな定義があります。

従来からある、各種の〝開発公社〟的な組織を想像する人もいるでしょうし、２００６

（平成18）年のまちづくり三法（中心市街地活性化法、都市計画法、大規模小売店舗立地法）改正に伴う中心市街地の活性化組織を想像する人もいるでしょう。

しかし、私が想定するまちづくり会社とは、中心市街地の活性化だけを課題にする組織ではありません。ましてや赤字を垂れ流す第3セクターのようなものでもありません。

新時代のまちづくり会社は、市民や事業者、関係者とパートナーシップを組み、収益を確保しながら、地域課題を解決するための事業を展開していく会社です。そして、課題解決にとどまらず、**市民や事業者などが住みたい・暮らしたいまちを自分たちでつくったり、まちを舞台にやりたいことを実現したりするための支援・伴走を行う「まちづくりのプラットフォーム」**としての役割も担います。

まちづくりのプラットフォームが果たすべき役割

生駒市では、いこま市民パワー株式会社という電力の小売り事業を展開する組織を立ち上げ、まちづくり会社と位置づけています。いこま市民パワー株式会社では、環境・エネルギー、地域経済循環、雇用の確保などの地域課題に対応すると同時に、電力の販売によって得られた収益を活用し、コミュニティの活性化や市民のまちづくり活動を支援するなど、プラットフォームとしての活動を始めています。

以下では、まちづくりのプラットフォームとしての役割に焦点を当て、コミュニティの超回復との関係を整理していきます。プラットフォームには、「プロジェクトを創るワーク」「チームビルディング支援」「実施に向けた伴走」「資金調達支援」などの機能があります。

①まちづくりプロジェクトを創るワークの実施

まちづくり会社は、まちづくりに関心がある人なら誰でも参加可能な場を設定し、具体的なプロジェクトを創るワークを行います。

地域課題の洗い出しから、その解決策を出し合ったり、まちづくりのアイデアを持ち寄って発表するなど、アイデアをたくさん生み出したうえで、具体的に取り組んでみたいプロジェクトをいくつかに絞り込んでいきます。

②チームビルディングの支援

プロジェクトのアイデアを絞った後は、参加者全員が、自分が一番参加したいプロジェクトを1つ選んでチームをつくります。どんなによいプロジェクトでも1人で実行するのは大変ですから、まちづくり会社が間に入り、プロジェクトの実現に向けた行動力を高めるためのチームビルディングを行うのです。

チームに分かれた後は、具体的なプロジェクトの実施に向けたさらなるアイデア出しを行います。プロジェクトの内容、具体的な日時の決定、場所の確保、広報周知のしかたなどの詳細を決め、チーム内での役割分担をします。

③プロジェクトの実施に向けた伴走

実際のプロジェクトの実施に向けた伴走もまちづくり会社の大きな役割です。

実施に向けたアドバイスはもちろん、実施に必要な人や組織の紹介、広報での支援などを行います。

プロジェクトの実施に当たっては、行政の関係部署や関係する市民団体などと連携することが大きな力となることがあります。たとえば、コミュニティビジネスの創業をめざす人には商工部局の担当者や創業支援の専門家を紹介したり、ボランティア活動やイベントを行う場所や機会を探す人たちには、2-3で紹介する「複合型コミュニティ」のような場所を紹介したりすることが効果的です。ほかの市民団体とのマッチングがお互いのプラスになることもあるでしょう。

まちづくり会社は日頃からさまざまな人脈を形成し、必要なタイミングで必要な人をつなぐ触媒の役割を果たすのです。

特に、初めてプロジェクトを実施するときは、「どのくらい人が来てくれるのか」など、さまざまな不安がありますし、事務作業も大変です。1回目が成功しないと、2回目に向かうモチベーションが生まれないのも事実ですから、とにかく最初のプロジェクトが成功するように、全力で支援・伴走します。

④資金調達支援

プロジェクト実施の後は、活動を振り返り、持続可能な形で活動を発展・進化させることが大切です。ここで特に重要なことが活動資金の問題です。

費用をあまりかけずに、メンバーが最低限の自己負担で活動を継続するのも一つのやり方ですが、一定の支出を伴いながらの事業展開をめざす場合は、資金の回し方を具体化する必要があります。

この数年、クラウドファンディングや寄付文化が急速に浸透し、お金の集め方が大きく変化しました。市民や団体に対し、これらの手法による資金調達を指導することもまちづくり会社の仕事の一つです。まちづくり会社がクラウドファンディングや寄付で資金を集め、市民のまちづくり活動などの中から特に優れたものに資金的な支援を行うことも考えられますし、地域ビジネスに挑戦する人が事

図表2-2-1●まちづくり会社の仕組み

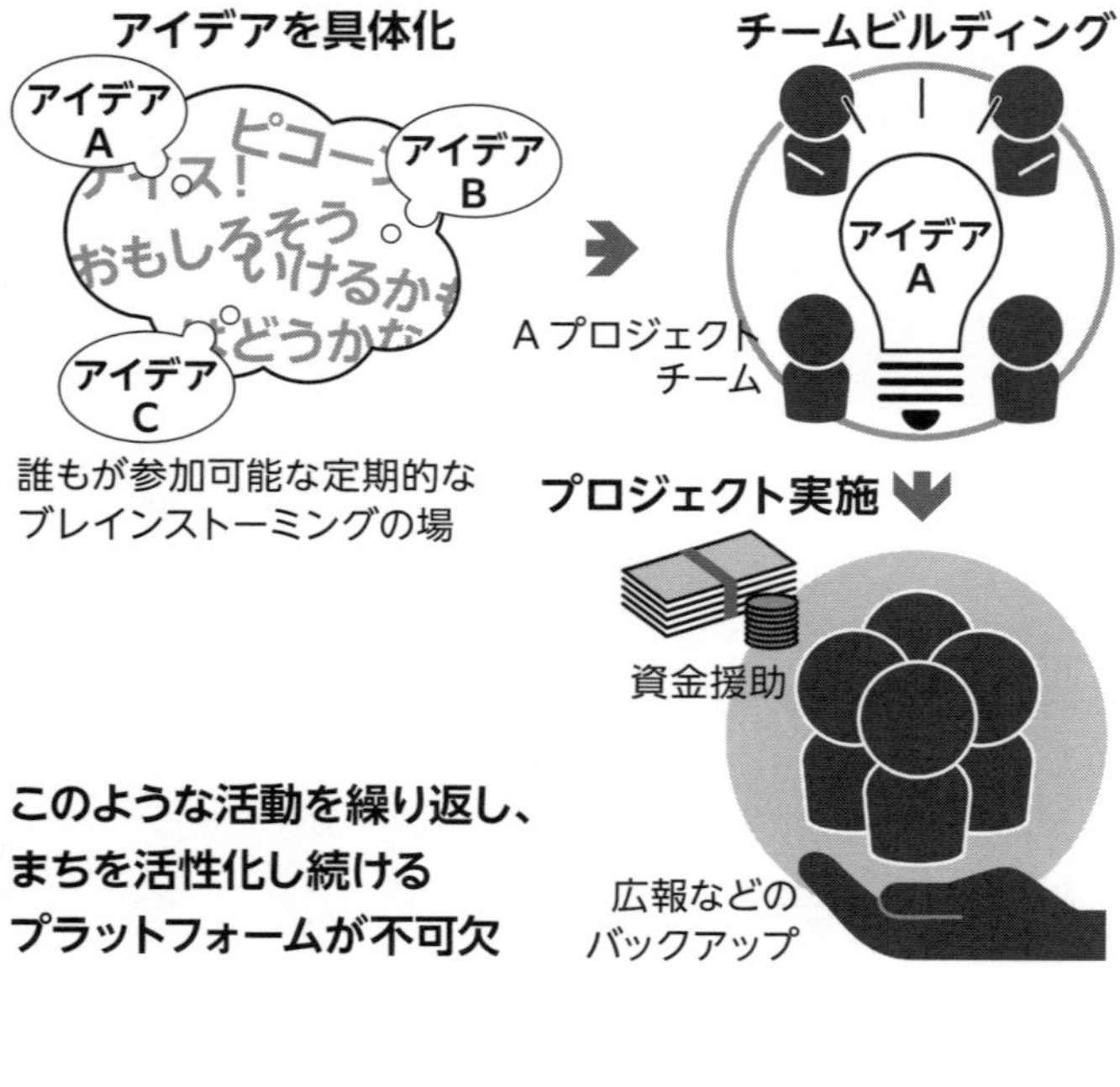

業計画や資金調達方法を検討する際に専門家を紹介するなどの支援も考えられます。行政等の補助金を活用する団体には、まちづくり会社が、補助金の情報を収集・整理して提供したり、効果的な申請書類の書き方などをサポートしたりすることも有効です。

コミュニティへの関心をまちづくりへ引き上げよ

コロナ禍を契機に、より多くの人が地域に目を向け、コミュニティに関心を持ち始めています。しかし、その多くはこれまでまちづくりに深くコミットしたことのない人たちです。だからこそ、まちづくり会社のように、地域への想いややりたいことの実現を支援できるプラットフォームがこれまで以上に大きな意味を持つのです。

まちづくり会社には行政主導だけでなく、事業者主導、市民主導などいろいろなパターンがあります。行政だけでまちづくりに活躍する市民や事業者を支援することはマンパワーに限界がありますが、市民自身がこの役割を担えば、まちづくりの輪は無限に広がります。**市民がまちづくりにコミットするだけでなく、ほかの市民の行動を支援し始めたとき、自治体３・０のまちづくりはさらなる進化**を遂げ、自治体４・０ともいえる究極のまちづくりが実現します。

このように、多くの人がまちづくりに参加し、行政だけでなく市民どうしが応援し合い、それぞれのまちづくりに対する想いを形にする機会を用意できる自治体だけがコミュニティの超回復を達成し、持続可能な発展を実現できるのです。

2-3 歩いて行ける「複合型コミュニティ」を100創れば未来は変わる

生駒市では、高齢者が歩いて行ける場所に、生活に必要な機能を整備する「複合型コミュニティ」事業を進めています。複合型コミュニティには、買い物支援や健康づくり、交流の場などの機能があり、このような場所が徒歩圏内にあれば、高齢者の困りごとのかなりの部分は解決します。

その複合型コミュニティが今、コロナ禍を経て高齢者だけの場所ではなくなっています。すべての世代にとっての交流や生活支援の場所であると同時に、まちづくりへの参加の機会やビジネスチャンスの場にもなっているのです。

複合型コミュニティはコロナ禍を経て、コミュニティの超回復のカギとなる取組みであり、今後のまちづくりの柱にもなっていきます。

公共交通の整備だけが移動支援ではない

「買い物に行きたいが移動手段がなく困っている」

「免許証を返納したいが、病院に行くには車が必要なので悩んでいる」

高齢者の困りごととして、最近一番耳にするのは「移動手段の確保」です。数年前までは認知症に関する心配が多かったのですが、メディアで高齢者の運転に対する不安や批判が強まり、移動手段に関する悩みが一気に増えてきた感があります。

このような不安に応えるため、多くの自治体が独自の公共交通機関の整備を進めていますが、そもそも民間のバス会社がカバーしていない路線ですから赤字基調であり、利用者もそれほど多くありません。必要な取組みですが、移動支援問題の決定打にはなりえていないのが実情です。

そこで生駒市は逆転の発想をしました。

採算が厳しい路線に公共交通を拡充していくだけでなく、地域を支援し、**高齢者でも歩いていける場所に買い物や健康づくり教室を設け**ればよいではないか、という発想です。これが複合型コミュニティの原点です。

生駒市では、コロナ禍以前から市民ボランティアによるサロンや体操教室が80か所以上で開催されていました。週に1回程度、自治会館などで開催され、少ないところでも10人、多いところでは１００人以上の人が参加します。

毎週決まった日時に自治会館に行けば、買い物へのニーズが高い高齢者が数十人いるのですから自然とビジネスチャンスが生まれます。あとはマッチングだけです。

生駒市が地域の農家に「体操教室が終わる時間帯に野菜を売りに行ってほしい」とお願いしたところ、朝採れた新鮮な野菜が安く買えるとあって野菜は飛ぶように売れます。移動スーパーにお願いすれば、肉や牛乳、お菓子なども売りに来てくれます。ひととおりの買い物は自治会館でできるようになるのです。

コロナ禍の荒波を受けながら「複合型コミュニティ」スタート

生駒市では、環境省の支援を得て、民間事業者などとともに市内2か所で複合型コミュニティのモデル事業を始め、大きな手ごたえをつかみ始めていました。しかし、新型コロナウイルス感染症の影響で、盛り上がりをみせていた事業は中断を余儀なくされ、大きな停滞の時期を迎えたのです。

しかし、複合型コミュニティは死んではいませんでした。2020年度にはコロナ禍にもかかわらず、6つの自治会が複合型コミュニティへの挑戦を表明し、活動を始めています。2021年度も複数の自治会が複合型コミュニティに向けた準備を進めています。

具体的な活動内容として、生ごみを持ち寄ってメタンガスや堆肥を発生させる取組み、住民の断捨離も兼ねて寄付された本やコミックを自治会館で再活用する「まちかどライブラリ」、高齢者のICT教室や自治会活動のデジタル化などが始まっています。

さらに今後は、市の保健師やコミュニティナース（地域の中で住民とパートナーシップを形成しながら、その専門性や知識を活かして活動する医療人材）などによる「まちかど保健室」、自治会館での「地域食堂の開催やキッチンカー」の出店、市の図書館司書が各地を回る「移動図書館」、公園を活用した「BBQやストライダー（ペダルがない子ども用二輪車）レース」など、高齢者だけでなく、在宅勤務をしている住民、子育て層などにも魅力的なコンテンツが具体化しそうです。

活動場所も増え、活動内容も進化・多様化し、参加者も全世代に広がり、まさに複合型コミュニティが超回復しているのです。

「コロナ禍だから複合型コミュニティ事業はしばらく見合わせるべき」というような声もありましたが、コロナ禍だからこそ複合型コミュニティの意義が高まっているのです。感染防止を最優先にしつつ、複合型コミュニティの再開に向けた検討や準備は進め、できることから始めることが重要です。

複合型コミュニティのような小規模多機能型自治の場をきめ細やかに整備し、住民の主体的な動きを支援し続けることこそ、ＳＤＧｓ時代の自治体の使命なのです。

誰一人取り残さないためには誰一人〝お客様〟にしない

ＳＤＧｓとは、２０１５年の国連サミットで採択された「持続可能な開発のための２０３０アジェンダ」に記載されている開発目標（Sustainable Development Goals）の略称です。２０３０年までに持続可能でよりよい世界をめざす国際目標として、17のゴール・１６９のターゲットから構成されています。

ＳＤＧｓでは、よく「誰一人取り残さない」という言葉が用いられますが、**誰一人取り残さないためには「誰一人として〝お客様〟にしない」覚悟が必要**です。

一方的に支える人や支えられる人を固定化してしまうと、支える人の負担感も増えますし、支えられる人も他人に頼ることに申し訳なさを感じることが少なくありません。

持続可能なコミュニティづくりのポイントは、高齢者、障がい者、妊婦、子どもなど、すべての人が可能な範囲で地域づくりに役割を持つことで自己有用感も得ながら、他人に頼りやすい雰囲気をつくり出すことです。

たとえば、高齢者は複合型コミュニティで買った野菜などを持って帰るため、家からキャリーバッグなどを持ってきます。その際、自宅にある本やコミックを複合型コミュニティに持ってくれば、断捨離にもなりますし、まちかどライブラリの取組みにもつながります。

老夫婦や一人暮らしでは食べきれない缶詰やお菓子などの食料を自治会館に持ってくれば、食品ロスの削減はもちろん、サロンのときにみんなで食べたり、地域食堂でも使えます。生ごみを持ってくれば堆肥化できますし、新聞紙を持ってくれば廃品回収で資金にできます。障がい者にもサロンの運営や体験談の共有、子どもたちにも各家庭からの資源物の回収や、メルカリ、フリーマーケットなどでの販売で活躍してもらえます。

市民主体で運営する複合型コミュニティだからこそ、全員が役割を持ち、「みんなでみんなを支える」持続可能な関係性を確立することが成功のカギです。

コロナ禍で、コミュニティの新しいプレイヤーである現役世代に注目が集まっていますが、コミュニティに入る際には、「まちのために貢献しよう」だけでなく、「地域にお世話になろう」だけでもなく、両方の立場を持ち、自然体で地域に入ることがコミュニティのためにも、自分のためにもよい結果につながります。

コロナ禍からの超回復や持続可能な地域づくりは容易なことではありません。

図表2-3-1●複合型コミュニティのイメージ

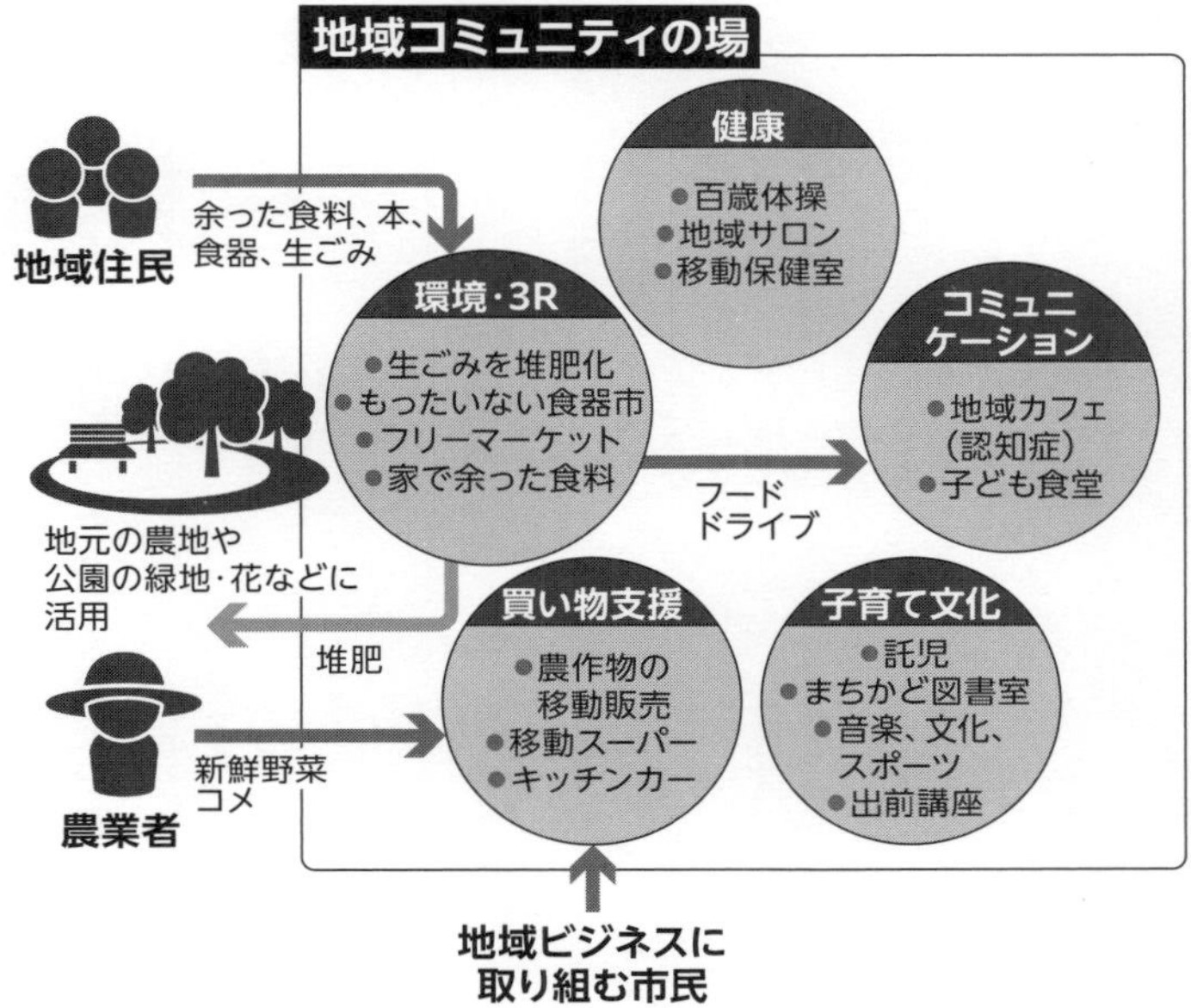

だからこそ、ＳＤＧｓの17番目の目標である「目標達成に向けたパートナーシップ」が重要なのであり、単に困難を抱えた人を守り支えるだけでなく、みんながお互い頼り頼られる〝ごちゃまぜ〟の関係づくりが理想なのです。

2-4 単なるデジタル化じゃない！ DXを実現できる自治体とは

「デジタル化」が時代のキーワードになっていますが、人によって思い描くイメージが異なる言葉でもあります。押印の見直しやペーパーレスをイメージする人もいれば、国と自治体のシステムの統一化をイメージする公務員も少なくないでしょう。

本節では、コロナ禍のピンチをチャンスにするための大きな切り札であるデジタル化について、自治体の視点から考えてみます。

コロナ禍を経て、まちづくりにデジタル化の力を活かし、デジタル・トランスフォーメーション（ＤＸ）を実現する自治体になるか否かが、今後のまちの発展を左右する大きな分岐点になります。

デジタル化とＤＸとの違い

手続きにおける押印の見直しなどの動きを契機として、「デジタル化」や「デジタル・トランスフォーメーション（Digital Transformation：ＤＸ）」といった言葉がメディアをにぎわせています。

この両方の言葉の定義もさまざまですが、デジタル化は、ＩＣＴ／ＩoＴ（Internet of Things：モノのインターネット）やＡＩ（Artificial Intelligence：人工知能）などを活用し、機能強化、効率性向上などを実現することであり、主に技術的な側面に注目するのに対し、**ＤＸは**、この言葉を最初に提唱したスウェーデンのウメオ大学のエリック・ストルターマン教授によれば**「デジタル技術が人間の生活のあらゆる側面に影響を及ぼすことによる変化」**と定義されています。

つまり、ＤＸは技術的要素というよりは、デジタル化によるわれわれの生活の変容という社会的な側面に焦点を当てた言葉といえるでしょう。デジタル化が、事業者の経営や自治体の取組みなどはもちろん、人々の意識や行動も変容させ、社会のあり方にも影響を及ぼして初めてＤＸといえるわけです。

自治体によるＤＸ　３つの視点

このような定義を整理したうえで、自治体によるＤＸの実現を考えたとき、大きく３つの視点があります。

①「行政事務」の視点

国の各省間や国と自治体との間の基幹系システムの標準化や、自治体業務をデジタル化することによって、業務効率化、職員の負担軽減を実現することです。

テレワーク・オンライン会議対応のパソコンや電子決裁の導入、押印の廃止や資料の電子化などによって、庁内と出先機関のオンライン会議が増えたり、テレワークで働く職員が増えることも行政事務のＤＸといえます。

②「住民接点」の視点

今話題になっている押印の廃止（ハンコレス）をはじめ、ペーパーレス、キャッシュレス、行政文書等のオンライン申請（移動レス）を生駒市では「デジタル化に向けた４つのレス」と呼んで推進しています。これらは行政事務の効率化にもつながりますが、利用する住民から見れば住民と行政の接点をデジタル化によって効率化し、利便性を上げる取組みです。

生駒市では、第1章で述べたプロフェッショナル人材としてサービスデザインの専門家を採用し、窓口サービスの改善やウェブサイトのデザインに活躍してもらっていますが、デジタル化を通じたサービスのデザインの改善も進めています。

このほか、マイナンバーカードを活用してコンビニエンスストアで住民票などを発行するサービスも住民接点の視点から見たＤＸです。生駒市は、２０２１年2月1日の時点で、マイナンバーカードの交付率が30％を超えて全国7位、コンビニエンスストアでの証明書交付率は28・1％で3年連続全国1位となっています。

コロナ禍で感染防止の観点から市役所の窓口にやって来ること自体が簡単ではなくなりましたが、このことは「市民が役所に来る」という常識を変え、「市民が役所に来なくてもすむ」ことをめざすチャンスでもあるのです。

③「まちづくり」の視点

自治体がオープンデータに取り組むことによって、市民や事業者の力を借りてまちの課題解決につなげることができれば、まちづくりの視点から見たDXとなります。

オープンデータとは「機械判読に適したデータ形式で、二次利用が可能な利用ルールで公開されたデータ」であり「人手を多くかけずにデータの二次利用を可能とするもの」です。つまり、誰でも許可されたルールの範囲内で自由に複製・加工や頒布などができるデータをいいます。

生駒市では、オープンデータのポータルサイトを整備し、2021年4月1日現在で345データセットを公開しています。オープンデータを活用したハッカソン(Hackathon)＊なども行い、ごみ出しアプリや食育アプリが開発されるなど、市民サービス創出へとつながっています。

このほか、自動運転やスマートハウスなどを備えたスマートシティの構築も、市民のライフスタイルや日常の生活に影響を与えるまちづくりDXの一つです。

＊　ハック（Hack）とマラソン（Marathon）を掛け合わせた造語で、ICTの技術者を中心に関係者がチームをつくり、与えられたテーマや課題に対し、オープンデータなども活用しながら、それぞれのアイデアや技術を駆使して、短期間でサービスやシステム、アプリケーションなどを開発するイベント。

アプリ限定でのクーポン券販売でまちづくりをＤＸ

コロナ禍により、リアルなコミュニケーションをとりにくくなったことが、デジタル化やその結果としてのＤＸを進展させることとなりました。自治体としては、リアルの世界で失ったものがたくさんあるのですから、デジタル化の流れをまちづくりの超回復に活かし、得られるものはしっかり手にしておく姿勢が大切です。

これに関する生駒市の取組み事例として、店舗支援事業「さきめし」などを展開するＧｉｇｉ株式会社と自治体で初めて協定を締結して具体化した「さきめしいこま＋」という事業を紹介します。この事業は、スマートフォンアプリ限定のクーポンを発行し、コロナ禍の影響を受けている飲食店を応援したい人が食事代を〝先払い〟できるサービスです。コロナ禍の飲食店等は収入の大幅な減少に苦しんでいますが、自治体としてはコロナ禍の中「飲食店を利用して支援してください」とは言いにくいのが実情です。そこで、先に市民がクーポン代を支払うことで飲食店に急場をしのいでもらい、感染が落ち着いたら市民がクーポンを持参して飲食店を訪れるという「さきめし」の仕組みがピッタリだったというわけです。

生駒市がこのクーポンに30％のプレミアムを付けて販売したところ、大きな反響を呼び、約1・1億円の経済効果を創出し、地域経済の活性化や飲食店等の経営支援につながりました。

この取組み、実は、スマートフォン限定アプリにしたことが大きなポイントでした。当初は高齢者が経営する飲食店などから「どうして紙のクーポンにしないのか」との苦情もありました。しかし、スマートフォン限定にしたことで2つの大きな効果が生まれたのです。

一つ目は普段は地域の小売店に来ない新規顧客の開拓や地産地消の拡大です。いつもは大都市でお金を使う現役世代が、在宅勤務を契機として、スマートフォンを頼りに地元店を訪ね、クーポンを利用して飲食をする光景が増加しました。

もう一つは、高齢者や事業者のＩＣＴリテラシーの向上です。「さきめし」の取組みを契機としてデジタル化を進めるお店も増えました。また、シニアのお客さんも苦労しながらスマートフォンでクーポンを購入することにより、スマートフォンを身近に感じてくれる人も増えました。結果的には多くの店舗、利用者から多数の感謝の言葉、喜びの声をいただく、まちづくりのＤＸの好事例となったのです。

また、1－2で紹介した生駒市のプロフェッショナル人材採用も、テレワークを活用して遠隔地から勤務できるという新しい手法での採用を行い、優秀な人材を確保した一種のＤＸだといえます。

単に押印やペーパーを廃止するデジタル化だけでなく、デジタル化がどのように地域の課題や市民の満足度などにつながるのかという視点を常に持って、現場の想いや課題に寄り添ったＤＸを進めていくことが大切なのです。

2-5

休校経験とタブレットの導入で新しい教育への革命を起こす

２０２０年2月末、安倍晋三総理大臣（当時）から出された突然の休校要請により、教育の世界に未曽有の激震が走りました。

休校対応やオンライン教室の整備に始まり、休校解除後も1人1台のタブレット導入や授業日数の確保、学校現場での新型コロナウイルス感染への対応など、現場の教師から教育委員会、市長部局まで巻き込んで対応に追われた大変な時期となりました。各家庭や社会に与えた影響も甚大でした。

しかし、このような経験を経て、教師をはじめ学校関係者の考え方、学校教育そのものが大きく変わるチャンスとなったことも事実。コロナ禍によるピンチを学校や教育の現場が変わるきっかけにすることが、今後の自治体や教育委員会の重要な仕事です。

教育・学校の当たり前が一気に崩壊した日

2020年2月末、国からの要請を受け、生駒市でも休校措置をとりましたが、そのために現場の学校や自治体が決定・対応することは多岐にわたります。要請の翌日に生駒市と市教育委員会から発表した内容を読み返してみると、主なものだけでも**図表2－5－1**のような決定と対応をしています。

短時間でよく整理したな、と改めて感心すると同時に、学校の教職員や市の教育部局職員の尽力に心から感謝と敬意を表します。

崩壊した学校の〝当たり前〟を改革につなぐ

このような対応を進める中で、今まで学校現場や教育部局で〝当たり前〟とされていたことが変化していきました。

子どもが毎日学校に来てリアルに授業を行う、という当たり前が崩壊したことがその最たるものです。テレワークにより〝通勤〟という概念が崩壊し始めたように、オンライン

図表2-5-1●休校措置に伴って行った主な決定と対応事項

決定・対応	内容
休校期間中の過ごし方の整理	プリントや読書などの課題作成、感染防止対策を取りまとめ、児童・生徒や保護者に周知
配慮が必要な児童生徒への対応	特別支援学級や特別支援学校など、配慮が必要な児童生徒への対応、児童デイサービス事業との調整、引きこもり・不登校児を支援する教育支援施設の体制などを整理
学童保育の実施方針	休校中に学童保育を実施するかどうかの方針決定 実施する場合、密にならないための運営方法検討 通常は利用できない学校施設を密を避けるために学童保育の場所として利用するための調整 両親が医療従事者等で休業中も特に配慮が必要な家庭の支援と基準整備
幼稚園の休園への対応	幼稚園も小中学校に準じた休園措置をとるかどうかについての決定、その際の留意事項の検討
保育園での感染防止策や家庭保育への協力などの判断	保育園の保育を続けるに当たっての感染防止策や家庭保育への協力などの検討と決定
卒業式・卒園式の取扱い	卒業式・卒園式を中止するか、感染対策を徹底して実施するかの判断
部活動の停止、学校図書室や運動場の開放	休校中の学習や体力づくり支援のため、図書室や運動場の開放が必要かどうか 開放する場合の感染対策の検討・判断
市の子育て関連施設の運営方針	市の子育て関連施設を閉鎖するかどうか、開放する場合の情報周知と感染防止策の徹底
休校中に活用できる子育てや家事などのシェアリングサービスや教育関係のオンラインコンテンツの周知	休校中に活用できる教育関係のオンラインコンテンツ（無料で読める図書、オンライン授業など）や、生駒市が協定を締結している子育てや家事支援などのシェアリングサービスの周知
専門相談窓口の設置	休校中の子育て・教育を含む、新型コロナウイルス感染症に関する専門相談窓口の設置
事業者への呼びかけ	事業者に対し、従業員の在宅勤務など柔軟な働き方に対する最大限の配慮を求め、従業員が休校中の子どもたちに対応しやすくなるよう呼びかけ

教室の整備により〝通学〟という概念も当たり前ではなくなりました。

学習指導要領に基づく授業スタイルも、授業時間数が大きく減少する中、時間単位で厳密に進めるのでなく、習熟度に基づく弾力的な運用も必要となりました。これにより、学習指導要領に過度に縛られる授業スタイルから脱却する契機ともなったのです。

また、学童保育と学校教育は所管省庁が厚生労働省と文部科学省とに分かれていることから、施設の活用や整備基準などが縦割りで非効率の原因ともなってきましたが、コロナ禍においては密を避けるために学校施設での学童保育を行ったり、学校の教職員が学童保育をサポートしたりもしました。

1人1台のタブレットパソコンの導入や授業の動画配信は、通信環境が整っていない家庭があることやICTに不慣れな教職員がいることが進まない原因でした。しかし、コロナ禍に子どもの学びを保障するためのオンライン教室の整備が不可欠となり、タブレットパソコンの導入も授業の動画配信も一気に進みました。

タブレットパソコンの活用や地域との連携など、工夫すればいろいろな教育が具体化できる今、学校の教職員の力や工夫、自治体の取組みや熱意が可視化されていきます。これは子どもの教育にとっても、地方創生の観点からもよいことだと思います。これまで動かなかった教育現場の大きな岩が、コロナ禍を契機にして、ようやく動き始めました。

教育という分野は、ほかの行政分野と異なり、「現場の教職員と校長」「校長と教育委員会」「教育委員会と市長部局」という3つの厚い壁があり、スピード感のある改革が難しい分野ですが、コロナ禍を契機として教職員の意識や行動も大きく変化しつつあります。

生駒市では、オンラインでの始業式・終業式や授業参観のほか、コロナ禍のために広島に修学旅行に行けなかった小学6年生が、オンラインやタブレットパソコンを活用して被ばく電車に乗車体験したり、外国人や現地の小学生と平和や核について意見交換したりする「オンライン修学旅行」を体験しましたが、現場の教職員の奮闘ぶりが印象的でした。

コロナ禍による休校の悪影響を元に戻すだけでなく、GIGAスクールやコミュニティスクールなどの新しい仕組みや、教職員の意識や行動の変化を**最大限活かして**、学校現場の諸課題を改革し、**学校教育を超回復する大きなチャンス**なのです。

教育が変われば地域が変わる

コロナ禍によって学校などの教育現場がどのように変化しているかについて述べてきま

したが、保護者や地域にも大きな影響を与えています。

保護者との個人懇談や授業参観もオンラインを活用するケースが増えていますし、今後は、不登校の児童生徒が在宅で授業を受けるようになることで、〝不登校〟という概念そのものが消滅していくかもしれません。生駒市では新型コロナウイルス感染症防止の目的で不登校に関する相談をオンラインでも可能としたのですが、その結果、保護者でなく児童生徒本人が直接相談するケースも増えています。

また、子どもたちがタブレットパソコンの操作に習熟すれば、子どもたちが先生となり、地域の高齢者にスマホやＩＣＴの使い方を教えたり、より深みのある地域学習に取り組むことも可能です。子どもの自己有用感、能動的で深い学びと、地域の高齢者のデジタルリテラシーの向上など、一石二鳥、三鳥の取組みです。

コロナ禍を契機とした学校改革は、地域の超回復にも寄与するのです。

2-6

感染症の悪影響を新しい産業の振興や産業構造の変革に活かす

コロナ禍が契機となり、わが国の産業構造、事業活動に大きな影響が生じています。自治体がやるべきことは、市内の産業や事業者への影響を見極め、経営に大きな悪影響が出ている事業者に適切な支援を講じるとともに、事業者による業態転換やデジタル化などへの挑戦を支援し、産業振興の分野でも超回復を実現することです。

コロナ禍の影響を受けた事業者を支援する

コロナ禍により大きな悪影響を受けている業種としては、観光、飲食、運輸、娯楽、文化・スポーツ、オフィス賃貸などが挙げられます。自治体がまずやるべきことは、市内にこのような産業や関係事業者がある場合、全力で支援することです。

生駒市では、前述したように、全国で初めて「さきめし」という仕組みを活用し、市が30％のプレミアムを付与して飲食店や小売店の支援を行った結果、市民からの飲食代金が前払いされ、事業者のキャッシュフローを改善する効果を上げています。また、国や県の支援に上乗せした事業者への補助金や家賃支援のほか、アクリル板やCO_2濃度計の設置、消毒などの感染防止対策を進める事業者へのきめ細やかな支援を行いました。

短期救済と並行して業態転換や新規事業を支援する

短期的な救済と並行して、コロナ禍を契機とした事業者の新しい挑戦や業態転換、デジタル化などを支援することも重要です。

コロナ禍では、リアルなコミュニケーションや密を避けることが求められた結果、テイクアウトやデリバリー、事業のオンライン化などに挑戦する事業者も増えましたが、業態転換や新規事業は簡単なことではありません。

たとえば、テイクアウトやデリバリーを始めるにしても、持ち帰りや配達用の容器の準備が必要ですし、配達する人の確保、配達エリアの決定、そしてテイクアウトやデリバリーを始めたことを効果的に周知しなければなりません。調理後食べるまでの時間が長くなることから、温度管理など食中毒の防止などに留意が必要ですし、アレルゲン等の必要な情報を容器にどのように表示していくかなども課題です。

そこで生駒市では、「生駒市事業者活動再開支援金」として予算を確保し、コロナ後を見据えた事業展開、新しいビジネスチャンスととらえて挑戦する事業者に対し、一定の資金援助、アドバイスを行いました。併せて、若手職員が中心となり、テイクアウトやデリバリーを始めるに当たってのやることリスト・チェックポイントをまとめて事業者に周知したり、テイクアウトやデリバリーに対応した飲食店の情報をまとめてマップ化して市民に発信したり、店舗を一軒一軒訪問して相談に乗ったり、きめ細やかな支援を行いました。

さらに、事業者からの声に応え、市役所の駐車場や駅前スペースに飲食店のテイクアウトブースを集め、弁当販売をすることで事業者の売上げの確保を応援しています。

このほか、飲食店や観光関係の事業者に対するデジタル化を支援し、コロナ後のインバウンド観光客への対応はもちろん、国内の旅行者や飲食店を利用する市民にとっても利便性が高く、店舗利用につながるような取組みを支援しています。

サテライトオフィスとワーケーションを誘致する

序章でも述べたように、テレワークやオンライン会議などの浸透により、大都市に大規模オフィスを構えることを見直す動きが出ています。オフィスの郊外化・小規模化のほか、既存のコワーキングスペースの活用なども増えていくでしょう。

生駒市では、これらの動きに対応するため、市外の事業者が生駒市にサテライトオフィスを設置する場合に一定額を補助する制度を設け、すでに3件の利用があります。**サテライトオフィスの設置により、地元雇用の促進はもちろんですが、地元飲食店の利用や地域活動への参加など、地元における経済・社会活動の推進**に大きな力となります。

また、コロナ禍を契機としたテレワークの浸透により、どこでもいつでも働ける「ワーケーション」*という働き方が浸透しています。

＊「ワーク」と「バケーション」を組み合わせた造語で、普段の職場と異なるリゾート地や観光地で、テレワークなどを活用して、働きながら休暇を取る過ごし方。

生駒市でもこの動きに対応するため、生駒山を中心とした金剛《こんごう》生《い》駒《こま》紀《き》泉《せん》国定公園を舞台とした誘客推進事業を企画し、環境省のモデル事業として採択されました。外部の人材に足を運んでもらい、生駒市のよさを体感してもらう機会にもなることから、将来の移住・定住やオフィス移転、観光事業へのつながりなども見据えています。

客を待つのではない、お店が地域に飛び出す

コロナ禍以前から顕著となっていますが、高齢化に伴い、買い物や病院に行くための移動手段の確保が地域の大きな問題となっています。いくら素敵な商品やサービスを用意し、宣伝しても、お店にたどり着くことが難しい人が増えています。

この傾向はコロナ禍により加速しました。お店に行って物を買う、食事をすることが感染防止の観点から難しくなると、デリバリーしたり、密を避けてまちなかの広いスペースにブースを出す出張販売に切り替えたりする事業者も増えています。

これからの事業活動のキーワードは「分散化・出張型」。コロナ禍が収束しても高齢化が進んでいく以上、分散化・出張型の事業経営は意味を持ち続けます。完全なデリバリー

での事業経営に舵を切る飲食店もあるでしょうし、昼はデリバリーで夜は店舗営業といったハイブリッドにする事業者もあるでしょう。

そこで重要となるのはコミュニティ。1世帯ごとに販売するのは大変ですが、2－3に述べたような地域住民が集まる場所を活用し、出張型販売と組み合わせれば、高齢者や在宅勤務の現役世代、子育て中の親子などにとってもありがたい存在となります。

1か所に集まる住民は10～50人前後ですが、このような場所は生駒市内だけでも100か所近くあるので、新しいビジネスモデルとなる可能性を秘めています。

コロナ禍によって大きな影響を受けた事業者。まずはスピード感のある支援が大切ですが、コロナ禍による産業や消費行動の変化も見据えながら、事業者の今後の経営支援につながる取組みを進め、産業分野でも超回復をめざすことが自治体の役割です。

2-7 地域でお金が動く仕組み「地域資本主義」を創る

コロナ禍が私たちに教えてくれたことの一つは「この機会に改めて地元にも目を向けることが大切」ということです。

現代社会に生きる私たちは、グローバル化や自由貿易の恩恵を大いに享受してきました。しかし、コロナ禍で瞬く間に国際的な流通に大きな影響が出る様子を目の当たりにした今、農作物を少しでも自分で生産したり、地域の産品を選んだりする地産地消の考え方が見直されています。

市民や事業者とともに、地域循環型の経済圏、地元を大切にした資本主義をつくっていくことがこれからの自治体の責務であり、まちづくりを超回復させた先にある大きなゴールでもあるのです。

全国の自治体で立ち上がる地域資本主義

２０１３年に『里山資本主義』（藻谷浩介／ＮＨＫ広島取材班：角川書店）が発刊され、大きな反響を呼んだことは今でも記憶に新しいところです。この本の内容は、里山のような自然豊かな地域だけに当てはまるわけではありません。大都市でも、生駒市のような郊外の住宅都市でも有効で、実現可能な考え方なのです。

もう一冊、私が感銘を受けた書籍として、２０１８年に発刊された『鎌倉資本主義』（柳澤大輔著：プレジデント社）があります。大都市郊外の自治体として、生駒市との共通点も少なくない鎌倉市が「鎌倉資本主義」と銘打って、経済と社会の発展に環境の視点を入れながらさまざまな具体的な取組みを進めています。

生駒市は大都市でも農山村でもありません。しかし、住宅都市という位置づけは「大都市に近い利便性と農山村のような豊かな自然が両立する立地環境」という長所にもなります。生駒市でも、あなたが暮らす地域でも「地域資本主義」はできるはずです。

地域課題や地域にいる人材等によって、地域資本主義を具体化する切り口はさまざまです。生駒市を例に挙げると、エコノミックガーデニング、市民や地元出身者からの寄付を活かしたまちづくり、地元資本の事業者への支援などが柱となります。

生駒市版エコノミックガーデニング発進

コロナ禍では自宅周辺で過ごすことが増え、地元の飲食店や公共施設を利用する人も増えています。花や緑を育てたり、家庭菜園デビューした人も少なくありません。

このような動きを活かして、感染リスクを避けながら、**市民による地域での生産と消費を促進**する取組みが重要になっています。

具体的には、地域の遊休農地を活用して農業を始める人や、地元企業の経営、地域で創業しようとする人などへの支援・伴走を拡充し、地元雇用・地元生産・地元消費など、地域の経済循環へとつなげることが大切です。

生駒市では、市民農園の利用から始まり、遊休農地での生産支援、そして本格的な農業への挑戦と、段階を追って農業への参入を支援していく流れをつくっています。遊休農地で生産を始める人への土地整備や農機具の貸し出し、専門家による指導も行っています。

既存事業者のさらなる発展を支援する取組みとしては、各種の資金面での支援、商工会議所との連携のほか、ビジネス展示会への出店を支援したり、2-6で述べたように、新しい事業やデジタル化に挑戦する事業者への支援なども進めています。

創業支援についても、新規事業や新分野への進出に向けての事業計画から具体的な事業展開までを一気通貫で支援する「いこま経営塾（略称：イコケイ）」を創設し、生駒市と包括連携協定を締結している地元金融機関の行員による講義や伴走支援、よろず支援拠点などで経営支援を行う専門家による講義やワークショップなどを行っています。また、市のアンテナショップなどでチャレンジ商品・サービスを販売する機会も設けるなど、実践的な支援事業を用意しています。

このように、外からの企業誘致だけでなく、地元事業者や創業をめざす市民が活躍できる環境を整備することによってエコノミックガーデニングを具体化し、コロナ後の事業者や生駒市の産業の超回復をめざしています。

地域ビジネスに挑戦する市民を支援する

エコノミックガーデニングの一つの柱でもある、市民による創業への支援ですが、今後の社会変化を考えると地域ビジネスには大きな可能性があり、地域資本主義の考え方にも合致する素晴らしい取組みとなりえます。

たとえば、「空き家を活用したサテライトオフィス」は、コロナ禍で大都市からのオフィス移転が起こる中、空き家の2階を居住スペース、1階をオフィススペースにすることで、空き家の解消になるだけでなく、市民による職住一致の働き方の実現や、地元で働く方が地域コミュニティの担い手としても活躍する機会にもなります。

“事業承継”も重要な地域ビジネスです。コロナ禍で経営が苦しくなったり、経営者の高齢化などにより、地元の事業者が廃業する事例も出ています。そこで、ビジネス経験のある市民が市内の会社を承継し、生産管理、広報スキル、デジタル化などを徹底することで、事業の存続だけでなく発展を実現し、街全体の産業振興にもつながります。

私が事業承継に注目している理由は、今後は終身雇用が崩壊し、一つの企業で定年まで働き続けることができない時代になるからです。**すべての社会人が、自分の好きなことや得意なことをビジネスにつなげ、企業組織に依存しない自立可能な社会人・個人事業主であることを意識してキャリアを積んでいく必要**があります。

したがって、定年退職者や専業主婦はもちろん、現役世代の会社員なども、日常生活や趣味、仕事から得た知見を活かして、副業や週末起業なども行いながら、収益を上げる動きが広がることは間違いありません。

前掲の内閣府の調査によると、コロナ禍を契機に新しいことに挑戦したという人は52％にもなり、そのうちの約５％は起業・副業などのビジネスに挑戦しています。

地域ビジネスに挑戦する人が増えている今こそ、より多くの市民による創業や事業承継のきっかけをつくり、その挑戦が実を結ぶよう、自治体が支援すべきタイミングなのです。

地域を愛する市民から まちづくり資金を集める仕組みづくり

地域資本主義の考え方に基づけば、地域を愛する市民や市内事業者から寄付や投資を得てまちづくりを進めることも重要です。

日本ファンドレイジング協会の調査によると、２０１６年の寄付総額は７７５６億円であり、国民の約半数に当たる４５７１万人がなんらかの形で寄付をしていることになります。

地域住民の中からも、「愛する生駒のまちに恩返しがしたい」「生駒の皆さんにお世話になったので、未来を生きる子どもたちに寄付したい」などという声を多数もらいます。実際に、コロナ禍において、生駒市は「新型コロナウイルスに立ち向かう」ための寄付を募ったのですが、3000万円を超える寄付があり、新型コロナウイルス感染症の入院病床の施設整備、ドライブスルー方式によるPCR検査センターの設置等に活用しました。

コロナ禍をまちづくりの超回復の契機にするための一つの手段は、寄付文化をまちづくりの中にしっかりと位置づけることです。寄付をはじめとして〝お金〟の話をタブー視せず、コロナ禍を契機に寄付に対する意識が高まっている今こそ、市民の想いを受け止め、地元を愛する市民からまちづくりの資金を集め、しっかり活用して成果を報告する一連の流れを自治体が整備することが必要です※3。

生駒市では、返礼品合戦になりがちなふるさと納税だけではなく、市民や地元出身者がまちづくりのために寄付をする仕組みを大切にしています。地元の市民団体を対象としたクラウドファンディング等の資金調達に関するセミナーの開催や、自治会を対象とした地域活動に必要な資金を自ら調達する手法を市の職員も伴走しながら具体化するなど、市民や事業者による資金調達を支援しています。自治体3・0のまちづくりを持続可能に進めるためには資金の調達が不可欠だからです。

生駒市が全国で初めて導入した「遺贈寄付」の制度も「ふるさとへの相続」ともいえる

資金調達の取組みです。

２０１７年３月の日本財団の調査によると、20歳以上80歳未満の男女３０９７人のうち、遺贈の意向を持つ人は22・９％もいます。寄付したいけれど、医療費や生活費にどのくらいお金がかかるかわからないのですぐには寄付できない、という人も多いため、亡くなった時点で遺産の全部または一部を寄付する遺贈を活用し、まちづくりの力に変えていこうという制度です。

ボランティア活動が全国で浸透していますが、ボランティアはできないけれど寄付を通じてまちを支援したいという人も増加しています。多様な形でまちづくりを支援してもらう受け皿を自治体が広く整備しておくことで、まちも行政も寄付者もみんなが幸せになれるのです。

市民・自治体による地域資本の事業者応援に取り組む

地元資本の事業者を支援することも地域資本主義の大切な要素です。

２-２で述べた自治体電力会社は、まちづくり会社としての機能はもちろんですが、エネルギーにかかる費用を市外の電力会社に流出させるのではなく、できる限り地元にとどめておくための手段でもあります。自治体電力会社から電気を購入することもまちづくりや地域資本主義への大きな力になるのです。

地元で買い物・食事することも大切です。生駒市のように働く人の多くが大都市に通勤する自治体では、地域消費率が際立って低く、大きな課題となってきました。奈良県は自宅のある市町村での消費割合が57・8％（全国平均72・1％）と全国最下位です※4。

しかし、**コロナ禍で在宅勤務をする人が増えた今は、地域消費率を上げる大きなチャンスです。**生駒市ではこれまで、まちなかバルや100円商店街など、地元の飲食店や小売店の活性化に取り組んだり、プラレール広場など、地域で人が集まるイベントを開催して地元消費につなげてきました。また、コロナ禍を契機に「さきめし」のような新たな取組みを実施し、現役世代が地元の飲食店や小売店を一度利用する機会を創出しています。

また、地域資本の事業者の株式を市民が購入したり、市民や生駒市に関係する事業者の創業や事業拡大などに対し、市民が投資などを通じて応援する仕組みを自治体が構築・支援することも重要です。

生駒市には、「市民エネルギー生駒」という団体があり、市民から出資を集めて太陽光パネルを設置し、売電収入を上げて利益を出資者に還元しています。地元団体の経済的支援になることはもちろんですが、出資者が環境・エネルギー問題やまちづくりなどにも関心を持ってくれるという環境的・社会的効果もあります。

このほか、2-2で紹介したようなまちづくり会社を通じて、市内団体や市民によるまちづくりの取組みに対するクラウドファンディングの支援、プロジェクトへの投資などもすることも効果的です。

以上に述べてきたように、ボランティア、寄付、出資、地域ビジネスの創業、地元企業の事業承継、地元事業者の利用による地域消費拡大、家庭菜園や小規模農業の開始など、さまざまな形で地元を楽しみながら、地域経済に貢献することが、地域における循環型経済を加速させ、地域における資本主義を確立することにつながります。自治体がこのような市民の動きを応援することがまちづくりの超回復の重要なピースになるのです。

※3 日本ファンドレイジング協会：寄付白書2017（インフォグラフィック）〈https://jfra.jp/wp/wp-content/uploads/2017/12/2017kifuhakusho-infographic.pdf〉（2021年6月4日閲覧）

※4 奈良県：平成26年全国消費実態調査（奈良県結果）要旨〈http://www.pref.nara.jp/secure/8894/26topic.pdf〉（2021年6月4日閲覧）

2-8 ビジョン・ミッションに基づく職員の行動指針を明確にする

１－５で、これからはビジョン・ミッション・バリュー（ＶＭＶ）に基づく組織づくりが大切であると述べました。本章で紹介しているような挑戦を具体化するには、自治体が進めたいまちづくりの内容に沿ったＶＭＶを定め、それを実現できる人材を採用・育成できるように人事制度を徹底的に見直さなければなりません。

本節では、ＶＭＶのうち、特にバリューに焦点を当て、ピンチをチャンスにする突破力を発揮するために必要な、職員の行動指針、価値観について整理します。

バリューとは何か、どうして必要なのか

第1章で述べたように、バリューとは、ミッションを遂行し、ビジョンを達成するために、組織やその構成員が常に立ち返るべき価値観や行動指針です。したがって、バリューはビジョンやミッションと密接に連動するものでなくてはなりません。

生駒市のビジョンは「自分らしく輝けるステージ・生駒」、生駒市のミッションは「このまちで暮らす価値を、ともに創る」です。「コミュニティ」「市民・事業者と行政との本気の協創によるまちづくり」「変革への挑戦」などが特に重要な要素となりますので、それを意識しながら、バリューの具体的な内容を整理しています。

その結果、生駒市役所のバリューは「生駒愛」「人間力」「変革精神」の3つとなりました。詳細は第3章で紹介しますが、これからの自治体を取り巻く環境の変化やビジョン・ミッションに対応した内容となっています。

しかし、バリューを策定しただけでは組織は変わりません。バリューを組織に浸透させ、ビジョン、ミッションを実現するためには、バリューに基づく人事の制度や取組みを具体化して、価値観を共有し、その価値観に基づく職員の行動を促すことが不可欠です。

図表2-8-1●生駒市のバリュー「生駒愛」

構成要素	行動基準	キーワード
市民ファースト	生駒市と生駒市民を第一に考え、行動する	市民への愛、地域への愛着·誇り、市民全体の利益と主体的に活動する市民への支援
公務への誇り	目の前の業務がどのように市民やまちの利益につながっているのか理解して行動する	市民目線、現場目線、奉仕者としての自覚、まち·暮らしを支える意識と行動

図表2-8-2●生駒市のバリュー「人間力」

構成要素	行動基準	キーワード
信用力	法令遵守、人権、情報公開、マナーに高い意識を持ち、誠実かつ責任感のある対応をする	法令遵守、人権、情報公開、公正、フェア、誠実、責任感、マナー、接遇
協創力	現場に足を運び、関係者（他部署·市民·関係団体等）とともにチームで価値を生み出す	情報発信、他部署との連携、現場主義、チームワーク、市民とのコミュニケーション、信頼関係の構築
心理的安全性	お互いの尊厳を傷つけたり、威圧したりすることなく、誰もが安心して率直に意見をぶつけ合ったり、変革に挑戦したりできる場·機会や雰囲気を積極的に生み出す	透明性、自己·他者の尊重、寛容性、話しやすい雰囲気づくり、率直な対話、多様性の活用

図表2-8-3●生駒市のバリュー「変革精神」

構成要素	行動基準	キーワード
リーダーシップ	失敗を恐れず主体的に行動し、率先して課題解決や新しい取組みに挑戦する、あるいは挑戦する者を積極的にサポートする	主体性、リスクを恐れない、チャレンジ、積極的フォロワーシップ
課題設定力	時代や社会情勢の変化をとらえ、生駒市のビジョン実現のための本質的あるいは新しい課題を発見·設定する	時代·社会の変化、情報収集、課題意識、現状分析、優先順位
発想力	前例踏襲や縦割り意識にとらわれない柔軟な発想をし、表現する	先進事例の活用、創意工夫、改善、改革、横串、自由な発想
実行力	立案した企画を具現化し、関係者を動かし効果的に実施する	スピード感、やり抜く、進捗管理（スケジュール·コスト）、費用対効果、情報発信

バリューを人事制度に反映して具体化する

では、バリューに基づいた人事制度をどのように整備していけばよいのでしょうか。生駒市職員のバリューと人事制度を例に、具体的に説明していきましょう。

生駒市は、2021年1月に、VMVを軸とした生駒市人材育成基本方針を策定し、この方針に基づいて、採用・育成・評価・任用等の具体的な取組みを進めています。

①バリューに基づく採用の見直し

採用に関しては、採用すべき職員の基準・求める人材像を、VMVにフィットしたものに見直しています。

能力よりもVMVにフィットした人物を採用することが、先進的な採用を行う組織では常識となりつつあります。採用した後、組織のビジョンに沿って活躍できる人材を採用することが、組織にも、職員にも、社会にもプラスとなるからです。もちろん、魅力的な組織づくりや発信を進め、能力とVMVフィットの両方を求めることは当然ですが、高いレベルで悩んだときは、VMVフィットを優先します。

採用方法自体も、第1章で述べたような中途採用や専門家採用を拡大しています。バリューのうち、特に変革精神に関する部分について、プロパー人材の育成と同時に、外部人材の登用も不可欠だと判断しているからです。

②バリューに基づく育成の見直し

育成については、研修の抜本的な見直しを行い、全職員がバリューに定める価値観を理解し、行動するために必要な実践的な研修メニューを作成する必要があります。

生駒市では、まちづくりについて議論するワークショップを職員がコーディネートしたり、まちづくりの現場で市民団体や事業者とともにプロジェクトに取り組んだり、市民との信頼関係を構築しながら、ＶＭＶに定める「生駒愛」「人間力」「変革精神」を自然と身につけるための研修メニューを整備しています。

また、１－５で述べたように、生駒市では全国に先駆けて、地域に飛び出す公務員を支援する副業制度を設けています。生駒市のビジョン・ミッションを達成するためには、職員が地域に飛び出すことが不可欠であり、研修とは別に、業務時間外の地域活動を支援する取組みです。

③バリューに基づく評価制度の見直し

人事評価で何よりも重要なことは、評価項目をバリューと整合させることです。バリューを職員全員が意識し、それに基づく行動を促すには、バリューに沿った行動が組織で評価されることが担保されていなければなりません。

評価時に行う面接など、上司と部下のコミュニケーションを徹底し、ＶＭＶの再確認、ＶＭＶに基づいた評価を行っていることを明確にするプロセスも充実させています。逆に言えば、ＶＭＶに基づかない評価には部下は異論を唱え、必要に応じて人事課が間に入って調整するなど、ＶＭＶに基づく評価に本気で取り組んでいく必要があります。

④バリューに基づく任用の見直し

昇任・降任・配置換えなどの任用も、バリューに基づいて行うことが重要です。

職員の昇任・降任を判断するとき、バリューに基づく理由づけを整理しておくことで、しっかりと職員に説明ができますし、職員も自分に何が足りないのか、昇任をめざすには何をしなければならないのかが明確になるからです。

必要なポジションに必要な人材を配置することがミッション達成、ビジョンの実現に不可欠です。

ＶＭＶ策定の真のねらいは職員の自由度を上げること

ＶＭＶに基づく人事には、ＶＭＶを意識して行動すれば、成長の機会があったり、評価が高くなったりする、という職員のインセンティブやモチベーションという意味はもちろんあります。

しかし、同じくらい重要なのは、ＶＭＶに沿ってさえいれば、個々の職員が裁量と高い自由度を持って行動してもよいという組織からのお墨付きがもらえる、ということです。

終身雇用は崩壊し、組織が構成員の長期的なキャリアを１００％保障できないこれからの時代には、個としての力をつけ、どのような組織でも力を発揮し、価値を生み出せる人材、または、組織に属さなくても生きていける人材をめざしていく必要があります。言ってみれば、自治体職員も個人事業主としての力を試される時代になっています。

生駒市が**ＶＭＶを定めるのは、職員をＶＭＶの枠に押し込めるという意味ではなく、む**

しろ逆で、ＶＭＶを意識した行動をとってくれれば、あとは自由に裁量を持って個の力を伸ばしてもらってよいという意味なのです。ＶＭＶに沿ってさえいれば、個の力を伸ばす行動は、組織にもまちづくりにもプラスに働くはずだからです。

ＶＭＶに基づく組織づくりは民間企業だけのものではありません。地方創生時代、自治体にとっても組織経営の基礎であり、重要な意味を持つのです。

2-9 統計・データに基づくEBPMとその先にあるもの

社会の変化に適切かつ迅速に対応したり、変化をチャンスに転換するためには、データや統計の活用が不可欠です。迅速かつ適切にデータや情報を集め、それらを活用して証拠に基づく政策決定（ＥＢＰＭ）につなげることが自治体職員に求められています。

しかし、ＥＢＰＭだけでは十分に機能しないこともあります。複雑化する現代社会においては、統計やデータだけでは対応できない課題も少なくないからです。ＥＢＰＭをベースにしつつＥＢＰＭを超える決断が自治体組織に求められる時代が到来しています。

ＥＢＰＭのポイントはデータや統計の使いこなし

ＥＢＰＭの重要性に注目が集まっています。

ＥＢＰＭとは、Evidence Based Policy Making の略で、「証拠に基づく政策決定」と訳されます。「証拠」というのは「合理的・科学的な根拠」などと言い換えてもよいかもしれません。社会の変化をより正確に、深く理解して適切な対応をしたり、変化をチャンスに転換するには、**政策決定時に**、その場の空気感とか、単なる勘などに左右されることなく、**データや統計など、合理的・科学的な根拠に基づくことが不可欠**です。

ＥＢＰＭの大切さを示すため、私自身の体験談をお話ししましょう。

生駒市の合計特殊出生率は、全国平均と比べて少し低いのですが、私はこの最大の理由は、保育園の待機児童を含めた子育て関係施設の整備が不十分であることだと考えていました。しかし、生駒市の「まち・ひと・しごと創生総合戦略」を策定する際のアンケート結果を見ると、出生率が低い最大の理由は「２、３人目を生んで育てるには経済的な不安がある」ということだったのです。

生駒市は、世帯当たりの平均年収が全国平均を大きく上回る地域です。したがって、私は、経済的な理由を挙げる家庭はあるだろうけれど、それが出生率の低い最大の理由ではないと考えていました。しかし、実際は、生駒市の保護者は教育熱心で、稽古事や学習塾にかける教育費が極めて高いこと、また、専業主婦率が高く、市全体の平均年収は高いのですが、共働きでない世帯は高い教育費を2、３人目にも出せる余裕がないケースも少ないこと、などが浮き彫りになりました。

これを受け、従来からの待機児童対策に加え、子育て支援策の拡充、女性のための創業支援施策などを拡充し、子育てにかかるコストの削減と子育て世帯、特に女性の所得を増やす機会の確保を進めたのです。

まさに、思い込みではなく、データや統計に基づき、施策の転換を行い、生駒市の現状に沿った少子化対策を展開・拡充できた、学びの多い事例となりました。

前例を打破するときはデータによる説明が必要

統計やデータを活用するもう一つの理由は、説得力を高めることです。

前例踏襲の業務が多かった時代は、データや統計により人を説得する必要はそれほどなかったかもしれません。しかし、変化をチャンスに変えようとする自治体では、これまでと異なる新しい取組みや挑戦を始める機会が大きく増加します。その際に、変化によって不利益をこうむる関係者はもちろん、広く市民の理解を得るために、データや統計に基づく客観的な説明が効果的な武器になります。

各自治体では、いろいろな計画を策定するに当たり、予算をかけて市民アンケートをとったり、毎年、各種統計を整備したりしていますが、統計やデータの収集と分析自体が目的になっている感が否めません。データの整理は重要ですが、これらのデータを活用し、新しい取組みにつながる市民ニーズを見いだしたり、取組みを改廃する際にニーズや効果を定量的かつ客観的に説明したりするためにも、データを活用して具体的な変革につなげることがポイントです。

私が留学した米国のシラキュース大学マックスウェル行政経営大学院は、全米でもトップクラスの高い評価を得ていますが、統計とその活用について徹底的に叩き込まれることが大きな特徴でした。米国人は日本人と比べて数学が苦手な人が多いにもかかわらず、日本よりも徹底して数字や統計を大切にしているのです。

日本のような〝和〟や〝空気を読む〟文化がなかったり、多民族・多文化が集まっている国の成り立ちも理由でしょうが、データに基づく政策立案、説得・調整、政策決定と効果的な執行という文化が定着しています。日本と米国の政治・行政システムは相違点も多いですし、メリット・デメリットもそれぞれありますが、データや統計を土台として政策を組み立て、説得していく文化は、日本でももっと大切にされるべきです。

ＥＢＰＭを超える美意識による決断

ＥＢＰＭに基づく判断は重要ですが、それだけで複雑化したまちづくりの課題に明快な決断が下せると考えるのは早計です。これからは、ＥＢＰＭを超える、「美意識（真・善・美）」に基づく決断の重要性が増していきます。

山口周氏は、『世界のエリートはなぜ「美意識」を鍛えるのか？』（光文社）において、この理由として「論理的・理性的な情報処理スキルの限界が露呈しつつある」「世界の市場が『自己実現的消費』へと向かいつつある」「システムの変化にルールの制定が追いつかない状況が発生している」ことの３つを挙げています。

多くの組織が論理的・理性的な情報処理スキルを身につけると正解がコモディティ化し、

EBPMに基づく取組みだけではほかの組織との差別化が図れません。

また、市民ニーズが多様化する中で、EBPMで分析可能な機能優位性や価格合理性の重要性は小さくなり、**EBPMでは分析困難な承認欲求や自己実現欲求が重要性を増します**。これらの欲求に対応するには、単なるEBPMでは不可能であり、美意識や感性による対応が必要なのです。

さらには、近年の社会変化のスピードの速さや複雑化の中で、**静的なEBPMモデルによる対応をしようとしても社会やシステムの変化にルールが追い付かない**ので十分機能しなかったり、選択肢が1つに絞れなかったりすることも課題です。その際に、ルールがないから何をしてもよいのではなく、美意識に基づく判断がとれるかどうかが、これからの経営者の腕の見せどころなのです。

このほか、非常時には、データの収集や分析、それに基づく判断に要する時間が、社会やシステムの変化に追いつかないことがよくあります。このようなときに**EBPMに拘泥して「結論を先延ばしにする」ことは致命的な問題**を引き起こしかねません。スピード感を持って現場の課題に対応するためには、市民に直接選挙で選ばれた首長が、EBPMを超えた政治的な決断を下すしかありません。そのときに備え、**〝美意識〟を磨いていくこ**

とが、つらい決断を下す義務と責任を有する首長の責任であり、現場の状況を踏まえ、首長にそのような決断をするか否かを相談する勇気を持つことが職員の責任なのです。

2-10

重要性を増す、リスク下の情報収集と情報発信

2－9に述べたEBPMのためには情報を集め、分析することが必要です。リスク発生時に情報を迅速かつ正確に収集することはもちろんですが、リスクの事前整理やシミュレーションの重要性が増しています。

また、国や自治体などの行政組織が総じて苦手なのが情報の効果的な発信です。単に事実関係を伝えるのではなく、ときには判断に至ったプロセスや想いを市民に伝え、共有することがポイントです。市民に想いを伝えることが、変化をチャンスにすることへの理解と協力が得られるかの分かれ目です。

各部署にあるリスクを事前に洗い出しておく

ＥＢＰＭに基づく判断を行うには情報収集と分析が不可欠ですが、情報の収集は災害や問題が発生した後に行うだけではありません。部署ごとに想定されるリスクを事前に洗い出し、関係する法令や制度の整理や対応策の準備とシミュレーションを行っておくことが大切です。これにより、災害が発生した際に行う作業を減らし、落ち着いて災害対応に集中することができます。

台風や地震に対する備えは、程度差はあれ、多くの自治体で対応マニュアルや計画があり、マニュアルに基づく訓練や避難所の整備等が進んでいます。これと同じように、ほかのリスクについても可能な限り洗い出し、その対策を考えたうえで、優先順位の高いものからシミュレーションしておくことがリスク管理の鉄則です。工場排水による河川の水質汚染、水道管の破裂による断水、学校での非行行為、職員の不祥事、大規模な不法投棄、山火事、そして今回のような感染症対策など、私がこれまで対応したものだけでも自治体の抱えるリスクは多岐にわたります。高齢化に伴う買い物難民や空き家問題、デジタル化に伴うセキュリティやハッキングなど、新しいリスク要因も増している今、各部署で定期的にワークを行うなど、徹底してリスクを洗い出し、対応策をシミュレーションしておくことが適切かつ迅速なリスク対応に不可欠です。

また、地方自治法150条に定める「内部統制」では、単にリスクを事前に洗い出すだけでなく、対応方針と体制を整備し、方針に基づくリスク対応策を講じ、評価報告の作成を経て、監査委員の審査を受ける、という一連のリスク管理プロセスが定められています。自治体がリスクやピンチをチャンスにするためには、適切なリスク管理を自治体がしっかり行い、市民の信頼を高めておくことが重要な第一歩です。

リスク下における情報収集はフォーマットの決定から

実際に災害などのリスクが発生した場合、情報収集や分析を効果的かつ迅速に行うためには、何が必要でしょうか。

大切なことは、**情報収集・発信用のフォーマットをあらかじめ定めておく**ことです。これにより、災害発生時にどういう情報を集めるのかが関係者が明確な形で共有できるようになり、緊急事態発生時の迅速かつ正確な情報収集、落ち着いた対応や適切な判断が可能となります。また、このフォーマットをそのまま災害対策本部の資料としたり、一部情報を整理して、記者会見や市民への発表に使えたりするのも利点です。

実際に生駒市では、自衛隊ＯＢに指導いただき、地震用、台風用などに分けてフォーマットを定めています。今回のコロナ禍においても、まず、新型コロナウイルス感染症に対応したフォーマットを整え、対策本部会議などではこのフォーマットを用いて情報収集や報告を行い、対策を議論しています。

具体的には、新型コロナウイルス感染症のフォーマットには、**図表2-10-1**のような分類で集めるべき情報が整理されています。

図表2-10-1●生駒市の新型コロナウイルス感染症情報収集フォーマット

項目	内容
①感染の状況・基本的データ	国、県、市などの感染者数、病床数の現状など
②国や県からの情報や取組み内容など	国や県の具体的な取組みや支援策の内容を整理し、当市にどのような影響があるかを具体化
③市の取組み内容と効果・課題	①②の状況を踏まえ、当市が行うべき、市民・事業者、教育、医療・福祉、市役所等に対する措置・支援等の整理
④市民などに対するお願い事項	市民や事業者などに対する協力要請の検討 寄付などの受付に関する事項の整理
⑤特別に検討すべき事項	特別給付金やワクチン接種など、特に時間を割いて検討すべき事項に関する内容
⑥その他	今後のスケジュールなど

情報収集を効果的に進める情報源を持つ

このような土台を固めたうえで情報を集めるわけですが、災害時は多様な情報収集のチャンネルが必要です。電話回線、無線、インターネットなど、ハード面のインフラ整備はもちろんですが、ソフト面での対策として、たとえば台風時であれば、以下のような方法が考えられます。

①国や県、民間会社など、災害関係の専門組織からの情報

気象庁や民間の気象会社などの気象情報や土砂災害関係情報はもちろんのこと、国土交通省などからの河川、道路・鉄道などの情報、電力・ガス・水道や電話回線など生活インフラの情報もインターネットでリアルタイムに収集する必要があります。

さらにネット情報だけではなく、気象台職員などの専門家とも普段からつながっておき、必要なときは電話などで情報をとりに行ったり、今後の見通しを整理することができればベストです。

②自治体独自の情報源により現場から情報をとる

自治体自身も独自の情報源を持っておく必要があります。

学校や避難所・公共施設からの連絡、広報車で回っている職員からの報告、自治会長などへの電話連絡網などから情報を得なければなりません。これらの情報源は、自治体から情報発信する際には大切な情報の中継点にもなります。

また、生駒市では独自の取組みとして、アマチュア無線局と協定を締結し、合同訓練などを実施しています。これにより、災害時には市の災害対策本部に基地局を設置したり、市内各基地局から情報を収集することが可能です。

③ＳＮＳも重要な情報源として活用する

ＳＮＳが発達した今、市民がＳＮＳで発信する情報も有効な場合があります。私も、道路の通行止め、電車の運行情報など、市民によるＳＮＳの情報を参考にしています。

また、生駒市では、「Fix My Street」というアプリを活用し、修繕が必要な道路や不法投棄などが発生している地点から市民がアプリを通じて市に情報提供し、市が適切に対応する仕組みを導入しています。

災害や各種のリスクに関する情報収集を自治体だけでやろうとすることはもう時代遅れです。もちろん、ＳＮＳ上の情報は不正確なものもあるので、必要に応じて公式の情報を確認したり、複数の情報をクロスさせて信頼性を上げたりすることは必要ですが、情報入手のきっかけは個人の発信であることも多いのです。インターネットを通じて市民の力を活用しない手はありません。

リスク下における情報の収集と発信の重要性

情報収集やリスク管理の重要性はもちろんですが、コロナ禍で特に大きな注目を集めたのは各自治体の〝発信力〟です。自治体ごとに発信力に大きな差があることが顕在化しました。

感染者数や病床利用率などの「現状を伝える」情報、国や自治体による「リスクへの対応や支援策」に関する情報、そのような対応をとった「理由・プロセス」の情報、そして、市民に対して落ち着いて対応したり、行政に協力を求めたりする「呼びかけ」など、情報発信の巧拙が、自治体による新型コロナウイルス対応への評価に直結し、取組みへの市民の理解・協力にも影響しています。

コロナ禍に限らず、リスク管理や防災上の問題が生じ、社会が混乱しているとき、情報の重要性は一気に大きくなります。普段は行政情報に関心のない人も、リスク下では行政情報を積極的に知ろうとします。こんなときに迅速かつ適切な情報を発信できなければ、市民やメディアが、リスクや混乱の現状を把握できず、行政の対応などもわからずに不安が募り、パニックや不満からより事態を悪化させます。

災害やリスクへの対応で忙しいときこそ、同じくらいの労力を情報収集と発信に投入することが災害時の広報の鉄則です。自治体の災害対策本部には、広報課を中心とした広報班があると思いますが、その多くはマンパワーも、付与されている役割・権限も不十分です。広報班の体制や、求めるべき役割・業務を大幅に強化し、災害対応業務と同じくらい、広報体制や発信業務に重みづけをすることが、結果的に災害対応を円滑にし、市民の生命・財産を守ることにもつながります。

普段からの情報への感度の高さが緊急時の差を生む

リスク対応時の情報発信は重要ですが、緊急事態に遭遇してから発信をしようとしてもできることに限界があります。リスク管理は平時の備えと対応がむしろ大部分を占めるのであり、情報収集や発信にも同じことがいえます。

たとえば、生駒市では、市民に対し、災害時の緊急メールへの登録をお願いしています。特に土砂災害警戒区域には、個別世帯に案内を送付して登録を促しました。**日頃から情報発信のネットワークを整えておくことにより、緊急時に効果的な発信が可能**となります。普段からあまり情報を出していない自治体のTwitterアカウントで緊急時に情報発信しても誰も見てくれません。日頃から市民の関心がある内容をこまめに情報発信し、フォロワーを増やしておくことで、緊急時に役に立つアカウントになるのです。

このほか、平時から、市が取り組む事業の成果や職員の頑張りなどをしっかり市民に伝えておかなければ、有事の際に市民に協力を求める際の説得力が生まれにくくなります。行政が頑張っている姿を知ってもらって初めて、まちづくりやリスク対応への市民からの協力も得やすくなるのです。

生駒市では、地域に飛び出す公務員を積極的に応援していますが、仕事でもプライベートでも地域に飛び出し、市民と交流している職員が多ければ、有事の際、ＳＮＳなどを含め、より多様なチャンネルから情報も市に入りますし、市からの情報を発信することもできるのです。

アナログ世代、高齢者への情報発信のコツ

ＳＮＳの活用と同時に、ＳＮＳによる情報が届かない高齢者などへの発信も考えなければなりません。方法は大きく２つあります。

一つは、とにかく考えうるすべてのアナログメディアを活用し尽くすことです。

コロナ禍では、国からの情報も毎日のように押し寄せ、市の支援策もどんどん追加・変更されます。ＳＮＳを使う人にはリアルタイムで情報提供できますが、１か月に１回発行の広報紙では適切なタイミングで情報提供しきれません。したがって、まずは、市の持つアナログメディアを可能な限り活用することを考える必要があります。

たとえば、役所全体を見渡せば、市内の高齢者全員に一斉送付する郵送物がけっこうあ

ります。子どもたちが持って帰る学校だよりや園だよりも子育て世帯を広くカバーする一級品のメディアです。部署間の縦割りなどによって、有効に使いきれていないこれらのメディアを活かした発信が有効なのです。また、スーパーマーケットの掲示板や図書館など、コロナ禍でも人が自然と集まる場所への掲示なども有効です。しっかり見つめ直せば、活用できていないアナログメディアは役所内外にごろごろあるはずです。

もう一つは、高齢者などのＩＣＴリテラシーを上げることです。

コロナ禍でお盆や正月の帰省自粛が広がった結果、孫の顔を見られなくなったシニア世代の中には、オンラインで孫とコミュニケーションを図ろうと奮闘する人が増えました。コロナ禍の前は、ＩＣＴの活用を提案したら、「ＩＣＴを活用できない高齢者はどうするんだ」と言われることが多かったのですが、コロナ禍により、高齢者に対するＩＣＴの活用がタブーでなくなりつつあります。

したがって、自治会単位でシニアのＩＣＴ活用講座を応援するなどの支援策を進めつつ、新型コロナウイルス対策も兼ねて、高齢者の関心が高いセミナーをオンラインで開催するなど、ＩＣＴ活用を支援との両面から進めていくことが重要です。

このような対応を平時から進めておくことで、次の緊急時にはよりスムーズな情報発信が可能となるでしょう。

情報発信にファクト以外の想いを込める

情報発信、特にリスク対応に関する情報発信に際しては、正確な情報を迅速に出すべき場合と、難しい判断を下す際にその理由・プロセスや想いを合わせて発信する場合をうまく使い分ける必要があります。また、このような発信ができる職員となれるよう、普段から意識し、自主的に訓練しておくことが重要です。

たとえば、自治体から発出されるメッセージは事実関係だけを淡々と伝えるものがほとんどです。もちろん、Twitterなど字数制限があるメディアで、事実関係を迅速に伝える必要がある場合はこれでなんの問題もありません。

しかし、**価値観がぶつかるような課題に対する措置をとる場合は、単なる事実関係だけでなく、判断に至った経緯や理由・考え方などをきちんと説明**することにより、より多くの市民の理解を得ることが可能です。

コロナ禍では、「休校措置を解除するか、継続するか」「経営が厳しくなっている飲食店の支援をするか、感染拡大防止を優先させ外出を控えるよう要請するか」など、難しい決断が目白押しでした。どちらの決断をしても、反発があることが自明だったわけです。

このようなときこそ、決断に至った理由を、具体的なデータなども交えて説明したり、ときには苦渋の決断に至るまでの経緯や想いを伝えたりすることで、より多くの市民に理解してもらうことができます。

コロナ禍などのリスク対応時は、先行き不透明であることが、市民の不安をかき立て、混乱に拍車をかけます。したがって、緊急時には、必要に応じて首長自らメッセージを出し、現状と課題、それに対する取組み、今後の見通しなどをしっかり伝えることが重要です。これにより市民の不安を払しょくするとともに、リスク解消に向けて市民の協力が必要であれば、理解と協力を首長からしっかりと要請できるからです。職員も、首長にいかに効果的に動いてもらうかを考え、適切に行動できる力を磨いておくことが求められる時代なのです。

第3章

公務員3・0時代

――自治体職員が身につけておきたい視点と力

3-1

ピンチからの〝超回復〟を実現する公務員3・0をめざす

本章では、これまで述べてきたことを踏まえ、これからの時代をつくる自治体職員が身につけておきたい視点と力を整理します。

私は、これまで「自治体3・0」のまちづくりについて発信を続けてきましたが、これからの自治体職員に求められる視点と力も、1・0、2・0、そして3・0と整理して考えるとわかりやすいことから、項目ごとに3つに分けて説明します。

新しい時代に対応し、ピンチをチャンスにする〝超回復〟を実現できる公務員3・0——。

皆さんはぜひ、公務員3・0をめざして頑張ってください。

自治体職員にできないことなんてほとんどない

私が最初に皆さんに伝えたいこと、それは「自治体やその職員がやってはいけないこと、できないことなんて、実はほとんどない」ということです。

たとえば、生駒市が全国に先駆けて取り組んでいる「地域に飛び出す公務員の副業を支援する制度」は、今まで公務員の世界では「やってはいけない」「できない」ことでした。地方公務員法の規定を「副業をしてはいけない」理由にすることも可能です。しかし１－４で述べたように、地方公務員法は、一定の基準や手続きさえクリアすれば副業を禁止する理由はない、と規定しているとも解釈できます。

結局のところ、「法令に市町村がやる根拠規定がないからできません」という市町村の職員は、仮に法令が整備されても大したことはできません。覚悟を決めて本気でやろうとすれば、法令が禁止していることなんてごく一部。法令に規定がなければやれないのではなく「**法令に明確に禁止されていなければ挑戦してよい**」のです。

決められた仕事以外のことをやりたくない人は、省庁からの事務連絡文書や電話でのやり取りでさえ、やらない理由として活用します。そのエネルギーを「どうやったらできるのか」を考えるエネルギーに使ってほしいのです。

コロナ禍による休校によって減少した時間数で、学習指導要領が定める内容をどのように教えていくのか、学びの保障をどう実現するのか、各学校や教育委員会は知恵を出して対応しました。これを大きなチャンスととらえ、「学習指導要領に定める内容は1時間単位でなく1年単位で弾力的に運用してもよい」「要領に明記していないことでも子どもの成長に効果的なら実施すべき」など、これまで縛られすぎていた学習指導要領をもっと柔軟に解釈し、行動する教職員も増えています。事の本質は、法令や制度の問題というよりは、自治体職員が社会の動きを見据え、まちのため、市民のために何を成し遂げたいのか、という覚悟と行動です。法令だって、現場の実態や市民の困りごとに対応できていないのであれば改正すべきなのです。目の前に困っている人がいるのに、「国の仕事だ」「県の仕事だ」と言ったり、「法令に規定がありません」と言ったり、やらない理由を一生懸命探すだけの自治体職員には、地方分権・地方創生を語る資格もなければ未来もありません。

進化論で有名なチャールズ・ダーウィンは「最も力が強い者、最も賢い者が生き残るのではない。**唯一生き残ることができるのは、変化に最もよく適応した者**である」と言っています。自治体も〝消滅〟する時代、社会が激動している今は、変化し続けることが生き残るための唯一の道です。自治体職員も社会の最先端の動きを学び、これまでの常識を疑い、タブーに挑戦する姿勢こそ大切にしなければなりません。

そのためには、変化に対応できない、する気力もなく現状維持を繰り返すだけの「公務員1・0」は論外ですが、目の前にある課題や事務の改善などに取り組む「公務員2・0」でさえ、社会変化のスピードや大きさを考えると合格点がもらえない時代です。コロナ禍以前の水準に戻すだけでは不十分であり、コロナ禍を踏み台に大きく飛躍する発想と気概を持つ「公務員3・0」をめざしてもらいたいのです。

以降では、生駒市が定めた職員の行動指針・価値観（バリュー）である「生駒愛（地元愛）」「人間力」「変革精神」をベースに、自治体職員に求められる能力を項目ごとに1・0、2・0そして3・0に分けて詳述します。

3-2

地元への愛と誇り〝パブリックマインド〟を持つ

自治体職員として行動するに当たり、一番の土台となること。それは「地元への愛」、そして市民やまちのために行動しているという奉仕者としての「公務への誇り」です。パブリックマインドのない公務員は公務員ではありません。だからこそ、生駒市ではバリューの最初に生駒愛（地元愛）を規定します。

一方、地元への愛や公務への誇りを単なる理念にしてはいけません。地元を愛し、公務に誇りを持っているのであれば、その想いを行動にし、まちづくりに具体化することが大切です。

地元愛と誇りとは何か

生駒市のバリューの1つ目**「地元愛（生駒愛）」**は、**「市民ファースト」**と**「公務への誇り」**からなります。

市民ファーストとは、まちと市民を第一に考えて行動することであり、公務への誇りとは、目の前の業務がどのように市民やまちの利益につながっているのか理解・行動しながら、まちと市民のために働く奉仕者としての自分に誇りを持つことです。

私は、公務員と民間とを二項対立のように見るのは好きではありません。「公務員は民間企業のように利益を出すことを求められず、まちづくりを存分にできる」という意見にも違和感を覚えます。これからの自治体経営では〝稼ぐ〟ことも必要ですし、地方創生時代の自治体や職員に求められる力は、民間企業が求める力と変わらないからです。

ただし、〝想い〟の部分は公務員ならではのものが確実にあります。それは「市民やまちに対する想い」、すなわちパブリックマインドです。最後はすべてまちやそこで暮らす市民のためです。この〝想い〟を持ち、それに〝誇り〟を持たなければ〝公務〟員とはいえないのです。

「和魂洋才」「士魂商才」という言葉がありますが、これらと同じで、われわれ公務員は、**魂や想いの部分はまちや市民のために**、という大前提は決して崩さず、しかし、それを実現するための**スキルや能力は、民間企業や大学など各分野の専門家の力ややり方をどんどんとり入れて**いかなければなりません。どちらかが欠けてもダメです。バリューの最初に、地元への愛を位置づけているのはこのような意味があるのです。

地元愛を持てない1・0、行動につなげる2・0

地元愛1・0の職員とは、地元に愛も誇りも感じていないか、愛や誇りは感じているが、現場に足を運んだり、地域で活動したりと、地元愛を行動につなげられていない職員です。

これに対し、地元愛2・0の職員とは、地元に愛や誇りを持ち、現場にも足を運ぶ職員です。市民や事業者など現場の声も聞いて、市政に反映させる気概を持っています。

私が国から自治体に来て最初に感銘を受けたのは、災害時における自治体職員の奮闘ぶりです。市民のために災害現場に足を運び、夜を徹して対応する職員の姿に「このまちや市民は自分たちが守る」という使命感をひしひしと感じました。新型コロナウイルス感染症への対応も、細かく見ればいろいろな課題や反省点はありますが、職員は現場に足を運び、市民の生命・財産の保全、安全・安心の確保に奔走しています。まさにパブリックマインドに満ちた行動をとってくれています。

地域に飛び出して仕事にも生活にも活かす3・0

それでは、地元愛3・0の自治体職員とはどのような職員でしょうか。

地元愛3・0の職員はどんどん地域に飛び出し、それを仕事だけでなく、自らの人生やライフスタイルにも活かすことのできる職員です。

このような職員は、有事だけでなく平時にも現場に赴き、市民や事業者としっかりコミュニケーションをとり、信頼関係を構築しています。仕事としてだけではなく、次第に一市民としてプライベートでも地域に飛び出し、その経験を仕事に活かしながら、また、仕事の知見を地域活動にも活かしながら、毎日の生活や人生を豊かにしている公務員です。

後述する3－3の人間力や、3－4の協創力にもつながる力ですが、地域活動は仕事ではありませんので、業務命令で行わせることはできません。しかし、自治体職員自身がワーク、ライフ、そしてコミュニティを融合し、地域での暮らしや人生を楽しむことができれば、職員自身にも、自治体にも、まちづくりにも大きなプラスになるのです。

地元愛3・0の職員は仕事への誇りを持っている

地元愛3・0の職員は、公務への誇りを持っています。

近年、メディアなどによる公務員批判の影響もあり、自治体や自治体職員には「前例主義で新しいことに挑戦しない」「お役所仕事」「たらい回し」「スピード感がない」など、ネガティブなステレオタイプの批判が蔓延しています。

自治体自身もこのような批判に対し、改善すべきは改善しつつも、的を射ていない批判には毅然と反論したり、頑張っている様子を市民にしっかり発信しなければなりません。

残念ながら、自治体職員は、「メディアに反論しても無駄」「税金で給料をいただいている公務員が自分の仕事をPRするなんておこがましい」というような意識の人がまだ多いのが事実です。しかし、自治体職員がこのような発信を怠ってきたことが、悪意に満ちたステレオタイプの批判が蔓延している理由の一つです。

その一方で、地方創生時代の自治体職員の中には、このようなステレオタイプの印象とまったく違う活躍を見せる人も多く出てきています。そして、自らSNSで発信したり、講演したり、本を書いたりとしっかり自分たちの頑張りを発信し続けています。

公務員は縁の下の力持ちであるべきケースもありますが、まちづくりに市民の協力を得るためにも、自分たちの先進事例を横展開して地方創生につなげるためにも、自らの仕事や成果に誇りを持ち、積極的な発信をしていくべきです。

自治体の仕事は、クリエイティブで、現場の大変さもありますが、やりがいに満ち、自己の成長にもつながります。そして、本気でまちや社会を変える、地方から国、世界を変えることのできる仕事でもあります。

私は、これからの日本を変えていくのはわれわれ自治体職員である、と本気で思っています。

メディアのつくり上げたステレオタイプの印象を打ち破り、単に安定しているから公務員をめざします、という人たちの誤解も解きながら、自治体職員が今一度誇りを持って働ける社会にしていきましょう。

3-3

コミュニケーション能力と信頼関係を築ける人間力を磨く

2つ目に紹介するバリューは「人間力」です。

これからの時代、自治体職員は、やらなければならないことを確実に実行するだけでなく、市民や事業者と一歩踏み込んだコミュニケーションをとり、積極的に信頼関係を構築することが大切です。

組織内においても、単に仲がよいだけでは不十分で、ビジョン・ミッションを明確にしたうえで、多様な意見を出し合い、厳しいやり取りも重ねながら組織としてのアウトプットを高めていく、本当の意味での〝コミュニケーション〟が必要です。

人間力＝姿勢／信用力＋協創力＋心理的安全性／コミュニケーション

人間力は、「姿勢／信用力」「協創力」「心理的安全性／コミュニケーション」からなります。

姿勢／信用力とは、公務員としての誠実さ、責任感です。法令遵守、人権、情報公開、マナーに高い意識を持ち、行動することです。

協創力とは、現場に足を運び、関係者（他部署・市民・関係団体等）との協働により、チームとして地域に価値を生み出すことです。これについては３－４で詳しく述べます。

心理的安全性／コミュニケーションとは、お互いの尊厳を傷つけたり、威圧したりすることなく、誰もが安心して率直に意見をぶつけ合ったり、変革に挑戦したりできる場・機会や雰囲気を積極的に生み出すことです。多様性を尊重する行動が求められます。

最低限のタスクがこなせない姿勢／信用力１・０、及第の２・０

まず、姿勢／信用力から見ていきましょう。

姿勢／信用力1・0の職員とは、法令遵守や人権意識、接遇、情報公開など最低限のこともできておらず、市民からの信頼を得られていない職員です。

姿勢／信用力2・0の職員は、個別に見れば課題もありますが、全体としては自治体職員として基本的なことがきちんとでき、市民の信頼を一定得られている職員です。

生駒市は数年前の調査で、接遇について市民から5点満点の4・17点と評価されました。市民満足度調査などでも、職員や市に対する信頼は高く、姿勢／信用力2・0はクリアしている状態といえます。

顔の見える行政を体現する姿勢／信用力3・0

姿勢／信用力3・0の職員になるには、法令遵守や人権意識、接遇、情報公開など、誠実で責任感のある行動をとることに加え、**日頃から積極的に地域や市民と接点を持ち、「顔の見える行政」を体現する**ことが必要です。

たとえば、私が仕事である団体にお邪魔するとき、担当課の職員には「団体のキーパーソン」「市から団体にお礼を言うべきこと、お願いしたいこと」「団体から市への要望」「あいさつで触れておくべき具体的なエピソード」などを確認します。普段から関係者とコミュニケーションがとれている担当者であればスラスラと教えてくれます。

このような関係を構築できる職員が増えれば、自治体が新しい取組みを始めたり、市民にも痛みを伴う改革を進めたり、地域に災害などの問題が起こって市民にまちづくりへの協力を求めたりする場合に、市民の理解や協力を得やすいのです。

まさに「平時のコミュニケーションこそ、最大の危機管理」なのです。

コミュニケーション不全の心理的安全性１・０、仲よし組織の２・０

次に心理的安全性について説明しましょう。

心理的安全性１・０の職員とは、部下の意見をまったく聞かないワンマンな上司だったり、逆に上司が何を言っても響かず、組織目標に向かって行動しない職員のことをさします。組織環境や人間関係もギスギスして相互信頼がなかったり、逆にお互いに関心もなかったり、とコミュニケーションが成立していない状態です。

これに対して、心理的安全性２・０の職員は、人柄がよく、すぐ怒ったりしない穏やかな職員などが当てはまります。相互のコミュニケーションはスムーズにとれるので、総じて職員どうしの仲がよい組織環境です。

しかし、単に仲がよいだけであって、ビジョン・ミッションの達成に向けて厳しい意見交換を行ったり、職員の成長を目的として改善すべき点を指摘したりできていないのであれば組織としては不十分です。いくら人柄がよくても、上司に必要な意見が言えなかったり、人事評価などで同僚や部下に厳しい指摘や指導ができない職員も合格点がもらえません。

自由闊達な議論ができる環境をプロデュースする心理的安全性3・0

心理的安全性という言葉は、いまだに誤解が多く、「組織内で仲よく安心していられる状態」として、心理的安全性2・0のように理解されている側面もあります。

本来の心理的安全性とは、「対人関係において、たとえ上司に対しても、異論を述べたり、疑問を投げかけたり、逆に自分の悩みやつらさを率直に伝えても不安を感じない状態、それを受け止め合える関係性、環境のこと」です。

ビジョン・ミッションを達成して市民満足度を向上させ、まちづくりを前に進めることが自治体の最優先事項であり、表面的な組織内の仲のよさよりもよほど重要なことです。

日本の組織、特に自治体などでは、場の空気を読む、批判的な意見や異論を挟まない、というような組織風土がまだ重要視されている組織もあります。しかし、地方創生を具体化するためには、国や県に言われたことをみんな仲よく実行するだけでなく、**多様性を認め、いろいろな意見を交わしながら自治体独自の取組みを創出**していくことが不可欠であり、建設的で、ときには厳しい意見交換こそが求められます。だからこそ、心理的安全性が以前よりも重要となっているのです。

自治体１・０を２・０にするには市長などトップがスピード感を持ってどんどん改革を進めればよいかもしれませんが、自治体２・０を３・０にしていくには、トップだけの力では無理で、職員の力が必要です。そのためには、ビジョン・ミッションで進むべき方向性を明確にして職員間で共有することと、闊達な議論を促す心理的安全性が不可欠です。

これからの自治体には、心理的安全性が確保される環境をつくり、それに基づく闊達な議論をプロデュースできる職員、心理的安全性３・０の職員が必要なのです。

3-4

チームで価値を生み出す協創力を身につける
人間力の発展型

行政だけでまちづくりを進める時代は終わりました。

行政が、市民や事業者との協創によりまちづくりを進めるほうが効果的であるだけでなく、まちづくりに参加した市民や事業者がまちのファンとなり、定住してくれる可能性が高まります。

行政が、単に市民ニーズに耳を傾けて対応するだけでなく、市民が暮らしたいまちを自分でつくるように水を向け、全力で支援・伴走できるのが、協創力の高い職員、自治体3・0時代の職員です。

協創力が必要とされる3つの社会変化

「協創力」とは、現場に足を運び、関係者（他部署・市民・関係団体等）との協働により、チームとして地域に価値を生み出すことです。

どうしてこのような力が必要となっているのでしょうか。その背景には３つの社会変化があります。

１つ目の社会変化は、人口減少や少子高齢化に伴う自治体のリソースの減少です。自治体の職員数や予算は、税収減や社会保障費の増加などにより年々厳しくなっていきます。

２つ目の社会変化は、市民ニーズの多様化・複雑化・専門化です。これまでは国の指示や方針に沿って施策を実施することが多かった自治体が、今後は自らの力と判断で、より難しいまちづくりの課題に対応する必要があります。

３つ目の社会変化は、まちづくりを担う行政以外の多様なプレイヤーの出現です。定年退職した層・主婦層の地域デビュー、大学や学生等の実学の場としての地域活動への参加、企業によるＣＳＶ（Creating Shared Value：共通する価値の創造）やＳＤＧｓの具体化の動き、シェアリングエコノミーの台頭も大きな追い風です。人生１００年時代の意識やコロナ禍で加速した在宅勤務などの浸透により、現役世代による地域活動への関心も増しています。

行政のリソースが減少していく時代、市民ニーズの多様化などに対し、行政だけで取り組むのではなく、勢いを増すまちづくり人材の力を借りながら、協創によって対応していくことは自然な流れです。このような協創をプロデュースし、みんながハッピーな連携を具体化できる力を持つ職員が求められています。

内向き縦割り対応の協創力1・0、市民ニーズに応える2・0

協創力1・0の職員とは、地域に飛び出さない自治体職員、役所の中でだけ仕事をする職員です。市役所内の横連携すらしっかりとれず、縦割りな対応をしてしまう人もいます。

協創力2・0の職員は地域に飛び出せる職員。私は「市町村職員はまちのおもしろい人を100人知っていることが大切」と言っていますが、これをクリアし、多くの市民や事業者が抱えるニーズも把握しています。役所内の関係者とも連携をとることができ、市民ニーズに応える取組みを少しずつ具体化して信頼関係を築いています。

市民にも汗をかいてもらえる協創力３・０

協創力２・０の職員でも一定の評価はもらえるのですが、市民のニーズを聞くばかりだと、いずれすべてのニーズに対応しきれなくなります。市民のニーズが複雑化・多様化・専門化する一方で、職員数が減少しているからです。ニーズに応えきれなくなると市民から不満も出ますし、職員も疲弊してしまいます。批判や要望を聞きたくなくなり、地域に行くのが嫌になる人もいます。

協創力３・０の職員は、地域に飛び出して市民の声を聞いたうえで、行政にしかできないことは自らしっかり対応しますが、**市民にもできることや市民にやってもらったほうがうまくいくことは市民に対応してもらう、またはともに汗をかいて実行できる職員**です。

「この要望は行政で対応しますが、こちらの要望は自治会で相談してください」

「この要望は皆さんで動いていただければ、行政としても広報や場所の使用、関係課の紹介など全力で支援しますよ」

などと言ってまちづくりを行政だけで安請け合いしません。

さらに、市民や事業者だけでなく、市内外の専門家や官民のトップ人材とつながり、地元のために力を貸してもらう関係をつくることができる職員は、協創力４・０ともいえる存在です。

　このような関係を築くためには、徹底した自己研鑽と徹底した現場主義により、トップ人材が求める情報や知見を提供でき、ハイレベルの信頼関係を持っておくことが必要となります。

　また、市民によるまちづくりを応援するだけでなく、市民をプロデュースする市民を応援したり、２－２に述べたまちづくりのプラットフォームを立ち上げたり、運用できる職員も高い協創力を持つ職員です。

　このような職員はまちづくりがまさに〝ライフワーク〟になっており、ワーク、ライフ、コミュニティを自然に融合した豊かな毎日を送ることができるのです。

3-5 変革精神① リーダーシップを修得する

３つ目に紹介するバリューは「変革精神」です。

激動する現代社会において、変革を起こさない現状維持の自治体職員は社会から大きく取り残されてしまいます。常に課題を見つけ、その解決に向けた行動を起こし続けなければ生き残っていけません。

単なる改善や課題解決だけでなく、コロナ禍や気候変動などの災害、不祥事や社会変化などのピンチやリスクをチャンスに転換し、ピンチやリスクの前よりも進化をめざすことが、まちも市民も職員自身にとっても必要な時代です。

だからこそ、リーダーシップ、すなわち始動する力が職員に必須となっているのです。

リーダーシップとは率先して第一歩を踏み出す始動力

「変革精神」の構成要素は「リーダーシップ」「課題設定力」「発想力」「実行力」の4つ。その最初に挙げられるのが、「**リーダーシップ**」です。これは、**失敗を恐れず主体的に行動し、率先して課題解決や新しい取組みに挑戦すること**であり、ゼロからイチを生み出す力ともいえます。ＩＣＴやＡＩが大きく発展している現在、最重要な力の一つです。

今までの自治体は、国や県に言われたこと、法令に基づく業務をしっかりやることが業務の中心であり、ミスをしてはいけないという〝減点主義〟が基本でした。

個人情報の保護や人命にかかわる業務など、ミスが許されない業務はもちろんあります。しかし、地方分権・地方創生の方針が国から打ち出され、これまでのような国による護送船団的な自治体運営が不可能となりました。国から自治体への財政的支援もこれまでのように十分にはやってきません。

だからこそ、それぞれの自治体が地域の独自性を活かし、多様化する課題に対し、地域住民や事業者、外部の専門家なども巻き込んで解決する〝加点主義〟の意識と行動が不可欠なのです。業務内容によっては、**多少の失敗も覚悟のうえでいろいろな挑戦をし、失敗**

を上回る成功で取り返そうという姿勢で取り組むことも必要です。

何もしなくても日本全体が成長していた時代は終わり、「何かしないと消滅する」時代を迎えています。自治体もその例外ではありません。「ほかの自治体でもまだやってないからやりません」という変な横並び意識ではなく「ほかの自治体でやっていないからチャンス」「当市が全国のモデルを創ってやろう」という気概で新しい挑戦に取り組んでいきましょう。

これからの時代、ＩＣＴやＡＩで処理できる「1を100にする仕事」は役所から消滅していきます。だからこそ「0を1にするリーダーシップ」を身につけ、激動の時代に生き残り、楽しく仕事できる公務員をめざさなければなりません。

なお、リーダーシップとは、市長など高い役職の職員が部下を引っ張っていく、という意味ではありません。リーダーシップは、すべての職員が持っておくべき力です。

朝比奈一郎氏は、著書『やり過ぎる力』（ディスカヴァー・トゥエンティワン）の中で、**リーダーシップとは「指導力」ではなく「始動力」**であるとしていますが、まさに至言です。

率先できないリーダーシップ1・0、問題解決行動を起こす2・0

リーダーシップ1・0の職員とは、新しいことに興味も意欲もない、課題に対応できない職員です。指示されたことには対応しますが、自ら課題を見つけ、解決に向けた行動がとれません。市民からの要望ものらりくらりとかわすだけです。

これに対して、リーダーシップ2・0の職員は、指示に対応するだけでなく、市民からの要望や自ら気づいた課題を解決しようと行動します。

私が若手職員に対してリーダーシップの重要性について話すときには、とにかく打席に立つこと、必ずバットを振ってくること、シングルヒットでいいから出塁すること、などを伝えます。最初は、市民窓口のパンフレット類の整理など、自分一人でできることやほかの職員の負担を増やさない改善からでも十分です。ホームランしかねらわない職員がいてもおもしろいと思いますが、いきなり大きな改革を提唱してもうまくいかないことが多いので、まずは、職場環境の改善、業務効率化に加え、ほかの先進事例の模倣と改良などが実現できれば合格点だと伝えています。この小さな成功が、次の挑戦への自信やスイッチになるからです。

このほか、積極的なフォロワーシップがとれる職員もリーダーシップ２・０といえます。積極的フォロワーシップとは、組織における変革の必要性を理解し、変革に挑戦する者が動きやすい周辺環境や実務でのサポートを〝積極的に〟行うことのできる職員です。単なるフォローでは足りません。部下の新しい挑戦を応援できる管理職や、新しい挑戦に多忙な職員を通常業務のフォローで積極的に応援する同僚などが当てはまります。

新しい制度づくりや取組みに挑戦するリーダーシップ３・０

それでは、リーダーシップ３・０の職員とはどういう職員なのでしょうか。

先ほど「小さな改善や業務効率化で、まずは合格点」と書きましたが、大きな社会変動が起きている現代社会は、改善を続けるだけでは合格点をもらえない可能性もあります。

自治体が、人口減少、少子高齢化、住民ニーズの多様化などの大きな課題に対応していくためには、不断の改善作業はもちろんのこと、行政改革・財政改革・教育改革など、常に変革を具体化し続けることが必要です。

今までと同じことをしていてもどんどん社会環境が変化し、活用できる予算も人員も厳しさを増していくわけですから、「現状維持は後退」を意味します。**単なる改善だけではなく、改革を続け、ときには破壊的創造とも革命的ともいえる制度づくりや取組みに挑戦できるのがリーダーシップ3・0の職員**です。

そのようなリーダーシップ3・0の職員になるためには、3つの行動が必要です。

第1に、現場に出続けること。さまざまな抵抗や困難が付き物である改革を成し遂げるには、現場に足を運び、本当に困っている人、頑張っている人と信頼関係を築き、困難を乗り越えてでも助けたい、支援したい、というモチベーションを高め続けることが必要です。また、さまざまな現場で、市民や専門家などから学んだことは、変革のための大きな武器にもなります。

第2に、制度やルールは変えられるという価値観を持つこと。3-1に述べたように、法令で明確に禁止されていることなんてほとんどありません。慣例や思い込みによって、勝手に「できない」「やってはいけない」と自分に制約をかけたり、思い込んだりしていることが多いのです。

現場に支援を必要としている人がいるなら、支援が届くように制度やルールを変えればよいわけです。制度が現場に優先するはずはないのですから。

第3に、上司のマネジメントを工夫すること。リーダーシップを発揮したいと思っても上司の理解を得られずに断念したり、そもそも挑戦できなかったりするケースは少なくありません。

上司のマネジメントとは、たとえば、本業をしっかりやって普段から信頼関係を築いておくことや、２−９に示したようなＥＢＰＭを活かし、データ・統計や現場の声を使って上司を説得する力を身につけることなどが考えられます。裏技ですが、２つ上の上司をうまく使って、直属の上司を突破するテクニックもときには必要かもしれません。

このように、現場に飛び出して想いを新たにし、既存の常識や制度に対する自らの意識を変え、組織内での説得力を身につけることが、リーダーシップ３・０の職員になるためには必要です。

容易なことではありませんが、このような動きができる人は官民問わず必要とされる人材となるので、ぜひ身につけてほしい力です。

3-6

変革精神②
課題設定力で問題の本質を突く

始動する力や変革への想い・エネルギーを、まちの発展や市民の幸せにつなげるには、複雑化・専門化・多様化するまちの問題解決やポテンシャルを引き出すための適切な課題設定ができるかどうかが重要な分岐点となります。

市民からの要望にそのまま対応するよりも、要望を分析し、課題を整理して対応するほうが効果的な成果を上げる場合も少なくありません。

適切な課題設定が効果的な解決策を生む

「変革精神」の２つ目は「**課題設定力**」です。

これは、**時代や社会情勢の変化をとらえ、自治体のビジョン実現のための本質的あるいは新しい課題を発見・設定**することです。２-９で述べたような情報収集を行い、分析して、科学的な根拠に基づく適切な課題設定を行う力も含まれています。

課題設定力が重要となっているのは、〝適切な〟課題設定をしなければ、効果的な解決策につながらないからです。市民の声やニーズを解きほぐし、本当に求められているものを実現するために効果的な課題設定の方法を学び、実行することが重要です。

今後、職員数や予算など行政の保有するリソースは確実に減っていきます。働き方改革など残業時間の削減なども求められている一方で、市民ニーズは多様化していますので、自治体が優先して取り組むべき課題の優先順位づけも課題設定力の重要な要素の一つになります。

後手に回る課題設定力1・0、アンテナを立てて取り組む2・0

課題設定力1・0の職員は、課題を発見できなかったり、課題を発見したら対応しないといけないという理由で積極的に課題を見つけたがらない職員です。指示された仕事には最低限対応しますが、自ら情報収集したり、課題を見つけようとする意欲に乏しく、課題があっても気づきません。市民からの苦情も課題として認識せず、きちんと対応しません。

これに対し、課題設定力2・0の職員は、課題発見や取組みの参考にしようと各自治体の事例などにアンテナを立てています。前年と同じことだけやっていてはダメだという認識を持って情報収集をしながら、新しい課題を設定したり、取組みを考えたりできる職員です。

市民からの苦情も放置したり、たらい回ししたりすることなく、真摯に対応を考え、行動します。苦情を待つだけでなく、自分から地域に飛び出し、市民との会話の中から市民のニーズをくみ取り、自治体の課題・取組みとして対応できるのが、課題設定力2・0の職員です。私も子育て層やシニア世代と平日のランチ会を開催し、いろいろな課題を聞く機会を設けていますが、このようなチャンネルを持っておくことが自治体職員にとって大きな財産になります。

課題を集めれば対応すべきことが増えるので、市民から積極的に課題を聞くことを嫌がる職員もいますが、どの課題から対応するかの優先順位づけや、3－4で述べたような協創力を発揮して、要望した市民とともに課題に対応するスキルなども磨くことで、課題設定力も対応力も上がっていきます。

高度なスキルを持ち市民行動を後押しできる課題設定力3・0

それでは、課題設定力3・0の職員とはどのような職員なのでしょうか。

課題設定力3・0の職員は、効果的、合目的的な課題設定のスキルを持ち、適切な解決策を導いたり、市民や事業者のまちづくりへのモチベーションを上げたりできる職員です。

前述したように、課題自体がそれほど複雑でない場合なら、課題設定と解決に意欲を持つ課題設定力2・0の職員であれば、市民ニーズや先進事例などを整理して、課題を設定し、施策として具体化することは十分可能です。

しかし、近年のまちづくりの課題は多様化かつ複雑化しています。高齢者福祉を例にとっても、福祉自体の問題もあれば、移動手段の問題、住宅の問題、地域づくりの問題、病院の問題、介護予防や健康づくりの問題などが入り組んで複雑化しています。だからこそ、「地域包括ケアシステム」という言葉が生まれ、一つの切り口だけでなく包括的なアプローチで高齢者福祉の課題に取り組もう、逆に、高齢者福祉を切り口にして、まちづくり全体を前に進めよう、という考え方が確立しているわけです。したがって、まちづくりを考えるときに、課題設定のしかたを間違えると、必要な解決策にたどり着かず、求める成果が十分生まれないことがあるのです。

具体例を挙げてみましょう。たとえば、私は地域のサロンなどで、高齢者の方々と話をする機会がありますが、「市が運行するバスをもっと便利にしてほしい」という要望をたくさん受けます。しかし、このような声を受け、「高齢者の移動手段として、市が運行するバスをどのように整備していくべきか」という課題設定をすることは必ずしも適切とはいえません。

どうして高齢者が「市が運行するバスを便利にしてくれ」と要望しているのかをもう少し丁寧に見ていく必要があるのです。

高齢者は、主に買い物や病院に行くのに車が必要なのですが、高齢になったので運転が心配なのです。したがって、市が運行するバスの整備という課題設定をするよりも、「自分で車を運転しなくても買い物したり、「健康でいるためにはどうすればよいか」という課題設定のほうが適切です。

そうすれば、市が運行するバスの整備だけに限定した解決策ではなく、お隣さんどうしでタクシーなどに乗り合って買い物に行く仕組みづくりとか、高齢者でも歩いて行ける場所に人がたくさん集まるコミュニティをつくり、移動スーパーに販売に来てもらう、医師や保健師に診察や健康相談に来てもらう、というようなアイデアも出てきます。実は、これが２－３に紹介した「複合型コミュニティ」の原点です。

課題設定力３・０の職員の中には、地域住民から意見や解決策を求めるワークショップを企画運営できる人も出てきました。適切な課題設定をするだけでなく、課題を解決する具体的な提案を市民から出してもらったり、意見を出した市民を支援して提案を実現に導いたり、市民どうしや市民と職員が自然とチームを組んで提案の実現に向けて取り組むように促したりするワークショップです。単に適切な課題を設定するだけでなく、課題設定そのものが解決策や市民による主体的なまちづくりの行動を後押ししているのです。

課題設定力４・０ともいえるこのような高度な課題設定ができる職員が出てくれば、自治体のまちづくりの力は飛躍的に上がるのです。

3-7

変革精神③
前例にとらわれない柔らかな発想力を備える

課題の解決方法を考えるに当たり、ほかの先進事例を参考にするのはよくある話であり、これができればまずは及第点です。

しかし、より大きな課題や複雑な課題に対応したり、前例のない取組みを進める場合は、先進事例の単なる模倣でなく、常識を疑うところから始め、徹底した現場主義や分野を超えた広い視野により、今までにない斬新な発想力を発揮する必要があります。

発想力を極限まで高め、単なる課題解決ではなく、社会の変化を活かした新しいまちづくりをめざしましょう。

多様で斬新な発想に基づく解決策が課題設定後に求められる

「変革精神」の３つ目は「**発想力**」です。これは、**前例踏襲や縦割り意識にとらわれない柔軟な発想をし、表現すること**であり、キーワードとしては、先進事例の活用、創意工夫、改善、改革、横串、自由な発想が挙げられます。

３－６で述べたような課題設定をした後は、先進事例も参考にしつつ、発想力豊かに解決策を見いだしていくことが必要です。課題がどんどん多様化・複雑化する中で、斬新な発想に基づく解決策を打ち出さなければ効果的な対応ができなくなっているからです。

地域の人材や、地元の人しか知らない素敵な場所などを活かした地域独自の解決策を考えられるのは自治体職員と地域住民だけです。

また、自治体組織の縦割りを越えた横のつながりや、民間企業との連携など、より広い視点を持つことも多様で斬新な発想につながります。

前例踏襲の発想力1・0、TTPで発想力を高める2・0

発想力1・0の職員は前例踏襲の対応しかできません。単純な課題に対し、前例と同じような対応を無難にこなすだけです。減点主義に陥り、ミスを犯したくないという発想から抜けきれないので、新しいことも発想できないし、しようともしません。

発想力2・0の職員は、まず先進事例を学び、徹底的にパクること（Tettei Tekini Pakuru：TTP）から発想力を高めようとします。先進的な取組みを紹介する雑誌やウェブサイトを定期的にチェックし、使えそうなものを掘り下げて研究しています。担当業務に関する先進自治体やその取組みをよく知っており、自分が働く地域でも具体化しようとします。また、先進的な自治体の担当者などとネットワークを構築して定期的に意見交換するなど、継続的に発想力を高める機会をつくっています。

わが国の市町村だけでも全国に1700以上あるのですから、先進事例を徹底的に調べ、地域の課題や市民のニーズに照らして適切なものをとり入れるだけで、自治体は見違えるように変わるのです。

発想力は自治体の事例からだけでなく、民間事業者や諸外国の事例からも高めることが可能です。官と民の差が小さくなっている昨今、民間事業者の人事制度や組織運営などは自治体にも大いに参考になりますし、インターネットで海外の事例も入手できる時代ですから、たとえば、デジタル化などを考えるとき、韓国やエストニアなど先進国の事例を学ぶことが発想力を高め、効果的な取組みのヒントになります。

単に他の事例を参考にするだけでは不十分な場合には、取組みを一工夫したり、地域の人材や素敵な場所など、その地域にしかない要素を盛り込んだりして、独自色を出しながらより効果的な施策にする「ＴＴＰ＋アルファ」ができるのも発想力２・０の職員です。

創育工夫から創造を生む発想力3.0と、力を養う3つの方法

発想力３・０の職員とは、ほかの事例を参考にするにとどまらず、**自由な発想による創意工夫から改革、さらには革命に近い破壊的創造ともいえる発想を生み出す**ことができます。

このような職員になるには、徹底して現場に足を運ぶ、常識を疑い続ける、縦割りを打破するといった努力の積み重ねが必要です。

①市民や事業者の現場に発想の種がある

発想力を高めるための方法として有効なのは、やはり地域に飛び出すことです。地域で見つけるのは課題やニーズだけではありません。まちづくりを楽しみ、挑戦している人を見つけ、支援・伴走すれば課題に対する発想や解決策も見えてきます。

生駒市では、市民から出資を得て太陽光パネルの整備を進める市民エネルギー団体の活動が、市の自治体電力会社の設立に力を与えてくれました。また、子育て中の女性によるまちづくりの活動や、それを支援する市民の存在が、生駒市のビジョン「自分らしく輝けるステージ・生駒」の策定時に大きな示唆となりました。商店街の活性化のために100円商店街やファッションショーなどを行う事業者の奮闘は、生駒市による全国初の事業者支援「さきめしいこま＋」の導入と無縁ではありません。このように、地域で頑張る市民や事業者との接点は、発想力をふくらませる最高のきっかけとなります。

また、公民連携の窓口を整備し、民間事業者や大学の研究者のアイデアを広くまちづくりに活かす姿勢を明確にしたり、アイデアのいくつかを具体化したりすることにより、外部の専門家や事業者との信頼関係が強化され、より多くのアイデアや技術が集まる自治体となります。

このような外部専門家との関係をつくることができるのも発想力3・0の職員ならではです。

たとえば、生駒市では全国に先駆けて学校現場でのユニバーサルデザインフォントを導入し、学習障がいを持つ児童への対応を進めていますが、事業構想大学院大学から株式会社モリサワを紹介いただいたことが大きなご縁となりました。2－3の複合型コミュニティはアミタ株式会社とのご縁や地域づくりへの熱意がなければ、これほどのスピードと内容で発展することは難しかったかもしれません。

②常識を疑えば発想はいくらでもわいてくる

現代のように社会変動が大きい時代には、今までの常識や当たり前を疑い、法令などの制度も含め、すべての前提をゼロベースから見直す視点と行動が必要になります。

①で述べたように、現場に飛び出し、制度や慣例など、これまでの常識との矛盾があれば、制度や慣例を変えに行くことで、新しい発想が生まれます。

現場に行くことで、「市民を単なるお客様にせず、パートナーにする」「まちづくり会社を創る」「高齢者や障がい者、妊婦でも歩いて行ける小規模多機能型のコミュニティを100創る」などの発想も生まれます。いずれも今までのまちづくりの常識では存在しなかった発想です。

また、「公務員の終身雇用が終焉する」「公務員が複業する」「公務員がテレワークを活用して他の地域や海外で働く」「職員数が半分になる」「市役所という建物がなくなる」といったことが普通になり、自治体組織や人事の常識も時代遅れになりつつあります。

このような〝常識〟〝当たり前〟の崩壊は、コロナ禍によりさらに加速しています。

常識だと思っていたことが、実は、各省庁の事務連絡、法的根拠もないただの慣例、自治体職員の思い込みだったということも少なくありません。どんどん常識を疑っていきましょう。違和感を感じたら、そっと心にしまわず、発言・行動しましょう。それが得意なのは組織に入って間もない若手職員であり、責務ともいえるのです。

③3つの縦割りを突破する

発想力を高める方法の3つ目は、縦割りの打破です。

第1に、「テーマ・分野」の縦割りの打破。

たとえば、買い物難民問題を取り上げても、高齢者福祉はもちろん、交通政策、自治会などの助け合いの活動支援、小売店と大規模店舗の関係など、さまざまな要素が絡み合います。俯瞰的・包括的にとらえ、関係者の横軸をつなぐことにより、２－３で紹介した複合型コミュニティのような大きな発想が出てきます。

第2に、「官か民か」の縦割りの打破。

３－２で述べたように、民間企業と行政組織との違いは小さくなり、「官か民か」の二元論は意味がなくなっていきます。

市民がプロデュースする生駒市の音楽祭のように、市民と行政との協創事業はもちろん、公民連携窓口を通じた事業者や専門家との連携、市民や事業者からの寄付を活かしたまちづくり、まちづくり会社を通じた市民主導の新しいまちづくりなど、官と民との境界を越えたところに新しい発想がどんどん生まれています。

第3に、「地理的」な縦割りの打破。

地域課題への対応は、市町村という枠でやったほうがいいこともあれば、そうでないこともあります。

ミクロに言えば、高齢者や妊婦でも歩いて10分くらいの場所にある自治会館や公園を活かした自治会単位の取組みが一番うまくいく場合から、小学校区単位でコミュニティスクールとして対応することが望ましい防災関係の取組みなどもあります。

逆に、市町村単位を越えて、ごみの処理など、いくつかの市町村で一部事務組合を設立して共同で対応したり、さらには県域を越えて市町村が連携するほうが効果的な都市開発や観光事業などもあるでしょう。市町村という枠にとらわれなければ見えてくる発想も変わってきます。

国を越えた発想も夢ではありません。

エストニアが取り組む「e-Residency」は、電子国民とでもいうべき制度で、外国籍の人でもエストニアの電子国民となり、電子政府のシステムを利用し、エストニアでの法人設立や銀行口座の開設などが可能です。インターネットの力により、今やすべての自治体が国際化を通じて、まちや市民にプラスとなる取組みを考えるべき時代となっています。自治体でも電子市民という制度を利用して、出身者やまちのファンへの情報提供やまちづくりへの協力などを要請することも考えられますし、地域の特産品を海外に直接販売することも可能です。

このように、現場徹底、常識と当たり前の打破、3つの縦割りの排除などを行うことで、発想の幅は大きく広がります。日々アンテナを高くし、思考を重ねながら、発想力3・0の職員をめざしてください。

3-8

変革精神④
発想やアイデアを形にして実施する実行力

「薩摩の教え」をご存じでしょうか。出典は不明ですが、薩摩藩が〝挑戦〟を大切にする教育を徹底してきたことがよくわかります。

一番高く評価されるのは「何かに挑戦し、成功した者」。これは当然でしょう。それに次ぐ評価なのは「何かに挑戦し、失敗した者」です。3番目に「自らは挑戦しなかったが、挑戦した人の手助けをした者」を評価していますが、2番目と3番目の評価がこの順番であることが、薩摩の教えの要諦です。

素晴らしいアイデアや発想は大切ですが、実行しなければ何も考えていないのと同じ。今の日本や自治体に一番欠けている力が実行力。とにかく挑戦し、やり抜くことです。

声を上げ、課題を設けて解決策を発想し、実行力で結果を出す

「変革精神」の４つ目は「**実行力**」です。

これは、**発想やアイデアを施策の形に再構成し、関係者を巻き込んで、効果的に実施することであり**、キーワードとして、スピード感、やり抜く、進捗管理（スケジュール・コスト）、費用対効果、情報発信などが挙げられます。

「アイデアをまねされた」「そんなことなら私も前から考えていた」などというせりふを聞くことがありますが、スピード感を持って実行できなかった自分を責めるべきです。よい発想やアイデアがあるのにそれを実行しないのはある意味で一番罪が重い、ともいえます。

何もしない実行力１・０、可能なところから実施する２・０

実行力１・０の職員はとにかく何も実行しません。決められた最低限のルーティンをこなすだけです。アイデアがないから実行できない場合もありますし、調査や研究をしてアイデアや発想を整理することはできても、実行に移す手前で止まっている場合がよくあり

ます。実行力１・０の職員は、薩摩の教えでは、５段階の４番目「何もしなかった者」に当たります。

これに対し、実行力２・０の職員はアイデアを実現できます。アイデアを実行するためにどのくらいの予算とマンパワーが必要なのか、利害関係者の調整が可能かどうか、などを検討し、可能なところから実施していきます。上司や関係者の反対をどのように突破できるか、新しい取組みの実行に伴いほかの業務を取捨選択できるか、などが大きなハードルになります。

また、３−５でリーダーシップ３・０ではなく、２・０に積極的フォロワーシップを位置づけました。フォロワーシップも組織貢献の一つの形ですが、薩摩の教えで3番目に位置づけられているように、私もフォロワーシップはリーダーシップを越えられないと考えています。実行の先頭に立つ者を誰よりも評価しなければなりません。

スピーディに困難に取り組み、発信できる実行力3・0

実行力3・0の職員には、困難な事業を実行する力、PDCAを超えるスピード感、発信の3つが重要となります。

第1の「困難な事業を実行する力」とは、利害関係者の調整が難しい、上司の説得が難しい、実務の手間が大変かかるなど、困難度の高い取組みに挑戦できることです。そのためには、これまでの業務を整理してマンパワーや予算を確保したり、利害関係者と粘り強く調整したり、3－5で述べた上司をマネジメントする方法も活用して上司を説得したり、さまざまな力を総結集することが重要です。

自治体としても、新しい取組みに優先的に予算と人員を配置するなどのインセンティブの仕組みをつくることが必要ですし、ビジョンの実現につながる取組みは組織を挙げて応援しなければなりません。

第2の「スピード感」については自治体職員に特に意識してほしい部分です。

あるプロジェクトをやろうと決まった場合や、実施に向けた具体的な検討を指示したときに、その検討や実施に向けた準備に数か月かけ、次年度予算に間に合わないので1年先送り、ということがよくあります。1年という時間に対する感覚に鈍感すぎる職員が多いことが自治体の致命的な問題です。

マンパワーには限界もあるので、最後に業務の優先順位づけや取捨選択はもちろん必要ですが、やる・やらないの見通しや、やる場合のスケジュール感を速やかに上司に報告しなければなりません。上司も部下に締切りを伝えるべきですし、部下も上司が言う前に締切りを確認する姿勢が大切です。

このほか、自治体の策定する計画は、ＰＤＣＡを規定するケースがほとんどですが、ＰＤＣＡの規定は、計画期間が終わったら、成果と課題を整理して、次期計画の策定に役立てます、という意味だけではありません。その程度のことはＰＤＣＡの規定を置かなくても当たり前のことです。

むしろ、計画期間中に社会変化等により、計画に定めがないプロジェクトが必要となったような場合に、ＰＤＣＡを回して、必要なプロジェクトを追加したり、既存のプロジェクトを進化させたりすることが重要という意味のほうが大きいのです。これがないと計画の存在がかえってスピード感のある対応を阻害することになりかねません。ＰＤＣＡを回すのは、弾力的かつスピード感を持った対応をするためなのです。

第3に大切なことは「発信」。よい取組みは、それをしっかり発信して市民に周知するところまで必ずワンセットでなければなりません。発信しなければ、よい取組みができたことが必要な人に伝わらず、利用されません。

先進的な子育て施策を具体化したにもかかわらず、しっかりと発信できなかったために、「子育てが一段落したときに初めてこの子育て施策の存在を知りました」と言われて愕然としたことがありますが、これなら何もしなかったほうがよいくらいです。発信して、必要とする人に届いて初めて実行したことになるのです。

これらをすべて実行できるのが実行力3・0の職員であり、ここまで覚悟を持って実行すれば失敗しても評価されるべきなのです。

冒頭で薩摩の教えについて触れました。

実行力1・0の職員である「何もしない者」よりも低い評価なのは、「何もせず、批判だけしている者」です。残念ながらこういう人が組織やその周辺には必ず存在します。評価軸を明確にして組織で浸透させること、人事評価項目に位置づけることなどにより、挑戦者を支援し、悪しき評論家を駆逐する具体的取組みが自治体とその職員に必要なのです。

3-9

バリューを下支えする専門性を磨く

生駒市のバリューに直接は出てこないのですが、各要素にちりばめられているのが「専門性」です。

これまで自治体職員に強く求められていた事務処理能力の重要性は相対的に低下しています。持っていて当然の力、といったほうが正確かもしれません。

事務処理能力に代わって、バリューを支える専門性の重要性が増しています。新卒採用だけでなく、中途採用が増えているのもその一つの証拠です。

しかし、専門性も2つの留意点があります。一つは、これからの時代に必要とされる専門性をしっかり考えること。もう一つは、複数の専門性を組み合わせることです。

公務員も単なるジェネラリストでは生きていけない

まちづくりの課題の専門性が増していくこれからの時代は、**公務員にも専門性が強く求められる時代**になっていくことは間違いありません。

これまでの時代は法令に定められた業務を的確に行うことが重要視されていたので、事務処理能力が強く求められていました。しかし、地方創生時代にはまちの課題を見つけ、新しい取組みを生み出したり、それを実行する力が求められます。これらの力を支えるのが確かな専門性です。

確かに、若いうちは、適性を見定めるため、いろいろな部署でジェネラリスト的に経験を積むことも必要ですし、幹部になれば管理能力や俯瞰的な視座も重要になります。しかし、終身雇用が崩壊しつつある今、公務員を経験したからこそ身につけられる専門性を、公務員を辞めても食べていけるくらいのレベルまで高めていくことが必要です。

したがって、職員全員がジェネラリストとしてキャリアを積んでいく従来型の自治体のキャリアパスは有効性を失っていきます。これからは、職員全員が配属されたポジションや地域に飛び出す中で専門性を身につけると同時に、**専門家集団の中から、特にマネジメ**

ント能力が高く、部下の能力を引き出せる一部の職員が管理職として登用されるキャリアパスへと転換していくでしょう。

コロナ禍の時代に求められる専門性とは

専門性の大切さは理解いただけたと思いますが、どのような専門性を身につけるかはよく考えなければなりません。これからの社会変化、市民やまちのニーズに対応するために専門性を磨くのですから、それに応えることのできる専門性を身につけなければなりません。

具体的に言えば、ICTやAIなどがどんどん進化するこれからの時代に、ICTやAIに取って代わられるような専門性を磨いても仕事ではあまり役に立たないでしょう。

では単に、ICTやAIに関連する専門性を高めればよいのかといえば、話はそれほど単純ではありません。詳しくは3-10で説明しますが、すべての社会人が最低限のICTリテラシーやAIの基礎知識を持っているのが当たり前になっていく中で、〝専門家〟に求められるレベルはどんどん高くなるからです。

それでは自治体職員はどのような専門性を身につけるべきなのでしょうか。答えは、配属された部署のテーマについて、「制度」「現場」「他部署との連携」「先進事例」などを誰より深く学び、経験し、ネットワークを築くことです。

事業者や有識者などにお願いしたいことや、逆に彼らの視点に立ち、自治体に期待されること、できることを考えることができれば、なおよいでしょう。

テーマがなんであれ、地方創生、公民連携が進む現在、自治体の内部事情やまちづくりの現場・キーパーソンを知っている自治体職員には、大きな市場価値があります。他の職員や他の自治体と同じではなく、頭一つ、二つ抜きん出た経験を積み、講演やパネリストに招かれる人材をめざしてください。

1つの専門性では勝てない時代、π字型人材をめざす

これからは1つの専門性だけでは食べていけない時代です。突出した専門性があれば別ですが、そうでなければ、**これからの自治体職員がめざすべきは、〝π（パイ）〟字型の人材です。**

π字型人材は、3つの要素からなります。1つ目は、本章で紹介しているこれからの自

治体職員に必要なバリューです。２つ目は、令和時代の読み書きそろばんともいえる「ＩＣＴリテラシー・ＡＩの基礎知識・統計やデータを読み解く力・国際感覚・プレゼンテーション」などのスキルです。この２つの柱の上に、前述した「まちづくりの現場経験」を積み上げ、π字型人材が完成します。

このようなπ字型の自治体職員は、自治体はもちろん、民間企業などあらゆる組織から必要とされる人材となります。自治体職員は、このような人材をめざして日々研鑽してください。

図表3-9-1●π字型人材

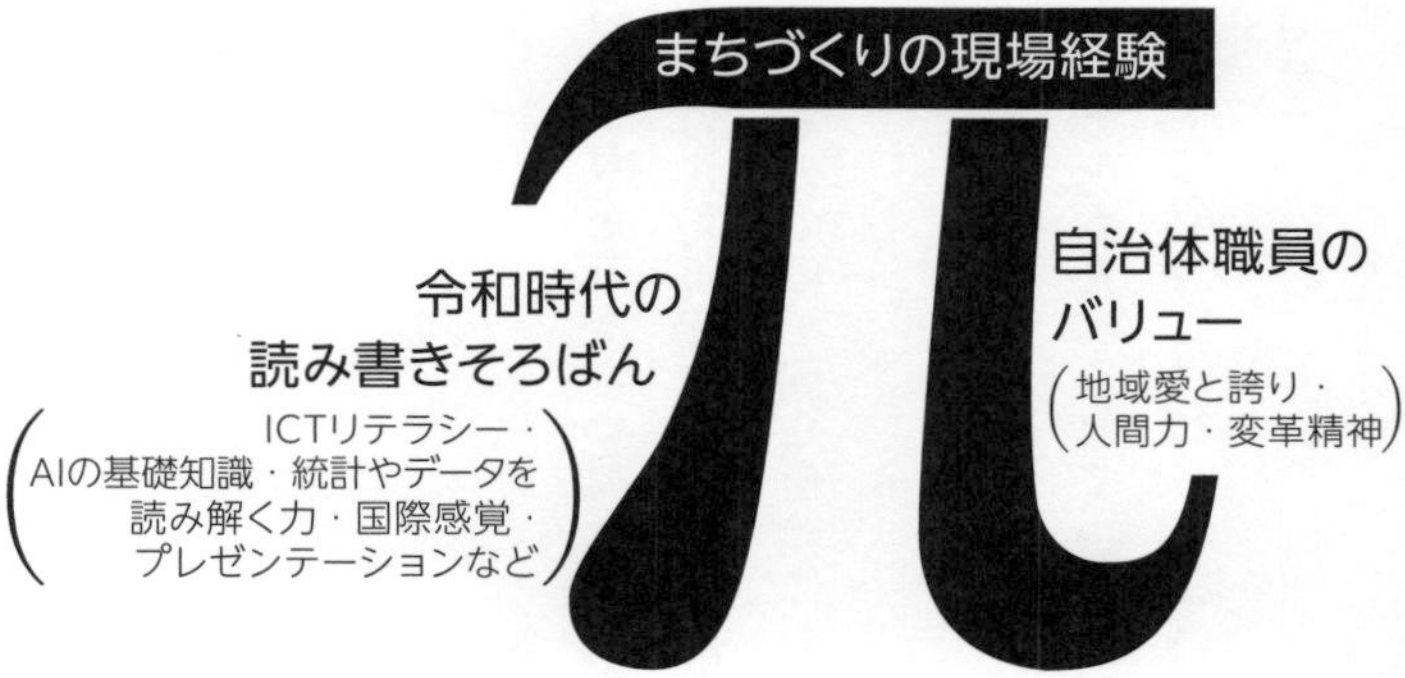

3-10

ＩＣＴやＡＩに取って代わられないＤＸ人材になる

３－９で「ＩＣＴやＡＩに取って代わられる専門性にはあまり意味がない」と述べました。株式会社野村総合研究所と英国のオックスフォード大学の共同研究結果では、日本の労働人口の〝49％〟がＡＩやロボット等で代替可能であり、その中に、国や自治体の行政事務員も含まれています。

同時にこの研究では、「他者との協調や、他者の理解、説得、ネゴシエーション、サービス志向性が求められる職業は、人工知能等での代替は難しい」とも述べられています。

本節では、これらの分析結果も踏まえながら、ＩＣＴやＡＩに取って代わられない人材になるためにはどうすればよいのか、具体的に考えていきます。

ICTやAI時代を自治体職員はどう生きるか

ＩＣＴやＡＩを含む各種の技術革新は急速なスピードで進みますが、すべての人がＩＣＴやＡＩの専門家になる必要もありません。専門家のやっていることを一定程度理解する基礎知識は必要ですが、ＩＣＴやＡＩの可能性や問題点を市民や地域の視点から見定める力と、自分よりＩＣＴやＡＩをよく知る専門家が力を発揮しやすい環境を整備するマネジメント力があれば、組織で必要とされる人材になることは可能です。

一方で、ＩＣＴやＡＩの知識は今後の自治体職員にとって、読み書きそろばんレベルに強く求められる力となりますから、20代、30代の若い人たちには、ＩＣＴやＡＩの専門的な知識まで、しっかりと習得してほしいと思います。

ICTやAIと人・まちを組み合わせてDXを実現する

一方で、これからの時代を生き抜くためには、単にＩＣＴやＡＩに詳しいだけの人材では不十分であり、ビッグデータやオープンデータを活かして、市民のまちづくりへの参加を促進するなど、**デジタル化の動きとまちづくりを組み合わせて社会的な価値や変革を生み出すＤＸ**（デジタルトランスフォーメーション）**人材になることが重要**です。

具体的には、２－４で述べたように、行政事務の効率化、住民との接点、まちづくりの３つの視点から、デジタルの技術を活かして価値を生み出すことでＤＸにつなげる具体的な取組みが求められます。

ＩＣＴやＡＩの高度な専門家でなくても、自治会館で高齢者にスマートフォンの使い方を教えたり、自治会情報をＬＩＮＥで共有する仕組みをつくったりしながらコミュニティの推進につなげるなど、工夫次第ではいろいろな形でＤＸに貢献することが可能です。

道路の不具合、不法投棄、渋滞情報、遅延情報などの情報をＳＮＳやアプリで収集し、情報を整理したうえで市民に共有すれば、住民生活の利便性を上げる仕組みがつくれます。

給食のメニューのオープンデータを活用して、アレルゲン情報などをプッシュ通知できる仕組みが生駒市でできあがっていますが、このような仕組みをつくる人もつくるための場や機会をプロデュースする人も、まちづくりに欠かせない人材です。

自動運転などの技術を持つ事業者と自治体をつなぐ、この技術をまちづくりの課題解決に資する取組みへとプロデュースできる人もＤＸ人材でしょう。

単にＩＣＴやＡＩに詳しいだけの人は、徐々に価値が下がっていきます。多くの人のＩＣＴリテラシーやＡＩの基礎知識のレベルがどんどん上がってくるからです。

したがって、ＩＣＴやＡＩ、データ活用などに詳しい人材は、積極的に地域に飛び出し、まちのキーパーソンとつながったり、まちの課題を理解したりしながら、ＩＣＴやＡＩの技術や知識を活かして変化や価値を生み出すＤＸ人材をめざす必要があります。単なるＩＣＴの専門家でなく、ＤＸ人材になれば、組織や地域に必要とされ続けるのです。

ＩＣＴやＡＩに負けない分野を見極める

これからの自治体職員が組織で生き残っていくためには、**ＩＣＴやＡＩに負けない分野を見極め、その力を伸ばしていくことも不可欠**です。

冒頭に触れた野村総合研究所とオックスフォード大学の共同研究結果では、「創造性、協調性が必要な業務や、非定型な業務は、将来においても人が担う」とされ、「他者との協調や、他者の理解、説得、ネゴシエーション、サービス志向性が求められる職業は、人工知能等での代替は難しい傾向があります」と述べられています。本章で説明してきた、生駒市のバリューに取り上げている要素はすべて、ＩＣＴやＡＩよりも人間のほうがまだまだ得意な力です。

単純な事務作業は速やかにＩＣＴやＡＩの活用に舵を切り、それ以外の仕事に職員を配属しなければ、終身雇用が崩壊するこれからの時代に、職員を成長させ、どこでも食べていける人材に育てることができません。それでは組織としてははなはだ無責任です。

一方で、自治体職員の皆さんも、今の仕事が単純な事務作業ばかりということであれば、ＩＣＴやＡＩの活用をどんどん提言しましょう。そのような改善の経験は今後の役に立ちます。また、今の環境に文句を言うだけではなく、自分の成長につながる業務により多くの時間を割くための環境や機会は自分でも生み出していく努力が必要です。

第4章

ワーク、ライフ、コミュニティ、セルフの視点でキャリアデザインしよう

4-1

ワーク、ライフ、コミュニティ、セルフの4つの視点をブレンドする

これまで、新型コロナウイルス感染症の影響や自治体を取り巻く人事制度の大きな変容について説明したうえで、それらの変化に対応し、チャンスにできる自治体や自治体職員となるために必要なことを述べてきました。

本章では、働き方や仕事（ワーク）以外の視点である、「家庭（ライフ）」「地域（コミュニティ）」「自己の時間（セルフ）」について説明していきます。

これからの人生を豊かに幸せに生きていくためには、仕事だけではなく、家庭、地域、自己という4つの要素を大切にし、これらを組み合わせてシナジーを生み出すことが重要です。

立ち行かなくなるベッドタウンモデル

生駒市は２０２１年11月に市制50周年を迎えます。この50年間で人口は約３・２倍に増え、大阪の〝ベッドタウン〟として大きく発展してきました。

これまでの時代、ベッドタウンという言葉は、閑静な住宅街、自然も豊かで治安もよく、利便性も高い、というよいイメージで受け止められてきました。

しかし、ベッドタウンを直訳すれば、仕事一筋のサラリーマンが夜と週末を過ごす、まさに「寝るために帰るまち」ということになります。現在の価値基準で考えればよいイメージではありません。生駒市は、市制50周年を機に「ベッドタウンを卒業する！」と宣言しています。

高度経済成長の時代は、「寝るために帰るまち」でも社会が機能していたのでしょうが、社会状況は大きく変化しています。団塊の世代が退職して高齢化が進み、子育て世代の転入による住民税や固定資産税だけではベッドタウンの経営は難しくなっています。

ワーク・ライフ・バランスに足りない視点

ベッドタウンモデルのひずみが顕著となる中で、男性も女性も働き、子育てや介護などを分担する「ワーク・ライフ・バランス」の考え方が浸透しています。

しかし、私はワーク・ライフ・バランスの考え方ですら、不十分だと思っています。

第1に、「バランス」という言葉だと、ワークを増やせばライフが減り、ライフを増やすにはワークを減らさなければならない、という意味になります。しかし、人生はワークかライフかの二項対立やゼロサムゲームではありません。

ライフの充実がワークを高めたり、ワークで得た知識や機会をライフに活かせたりすることもあります。バランスというよりはシナジー効果を生み出すことをめざすべきですので、両者を融合・ブレンドするというほうが適切だと考えています。

第2に、人生はワークとライフだけではありません。後述するように、地域とのかかわりや自己の時間が占める意味が大きくなっている現在、ワークとライフだけの人生ではもったいないのです。

コミュニティをブレンドすれば人生は豊かになり、まちは「Diver“C”ity」になる

したがって、生駒市では、単に寝るために帰る〝ベッドタウン〟ではなく、ワークからライフかの二項対立でもなく、自然豊かな住宅都市でありながら、働く場所や働き方の多様性を有し、子育てや介護や地域づくりを住民どうしで汗をかいて進めるコミュニティ、まちづくりをめざしています。

このようなまちづくりは、コロナ禍によって加速された感があります。仕事・家庭・地域の距離が縮まったことを契機に、在宅勤務をしながら地域活動に参加するようなライフスタイルを選択する人も各地で増えています。

ワークとライフとコミュニティの境界が曖昧になり、ゼロサムゲームではなくシナジーが生まれ、**それぞれの概念が融合するような多様性のあるまちづくりは**、「BedTown」の対義語として、「**Diver“C”ity**」とでも呼ぶべきものでしょう。

ワーク・ライフ・バランスからワーク、ライフ、コミュニティのブレンド、そしてDiver“C”ityが、これからのまちづくりの大原則です。

テレワークの時代にはセルフの視点が新たに必要

このような、ワーク、ライフ、コミュニティのブレンドの概念に、私は「自分一人の時間」「自己研鑽」などを意味する「セルフ（自己）」の概念を加えることを提唱したいと思います。

セルフを加えようと考えた理由が2つあります。

第1に、コロナ禍により、自宅や地域で過ごす時間が増えたことを好意的に評価する人が多い一方で、自分一人の時間が少なくなったと感じる人も増えています。意図的に自分一人の時間を確保し、趣味やリラックス、健康づくり、自己研鑽などに充てることが、ワーク、ライフ、コミュニティの活動を円滑に進めるためにも重要です。

第2に、自分をプロデュースする必要性の高まりです。

第2章でも述べたように、これからは終身雇用が崩壊し、大企業や国・自治体に雇用されれば安泰だった時代は終わりを告げます。詳しくは本章の最後で紹介しますが、社会人一人ひとりが、激動する社会の変化に対応しながらスキルを磨き、成果を上げ、その成果を多様な媒体を駆使して発信するなど、自分で自分をプロデュースしなければ生きていけない時代となっています。

このような動きに対応するには、**セルフの時間を確保し、自分をプロデュースする方法を考え、実行に移すことが必要**です。

今後は、セルフプロデュースできる市民を増やし、それを応援できる自治体、前述した**Diver"C"ityを実現できる**自治体が発展していきます。皆さんには、このような新しい自治体を創る**新しい自治体職員、「公務員３・０」**になってもらいたいのです。

そのためには、まず自らが、自治体組織に依存するのではなく、ワーク、ライフ、コミュニティにセルフを加え、自分のキャリアをデザインし、自分でプロデュースする職員となる必要があるのです。

図表4-1-1●ワーク、ライフ、コミュニティ、セルフのブレンド

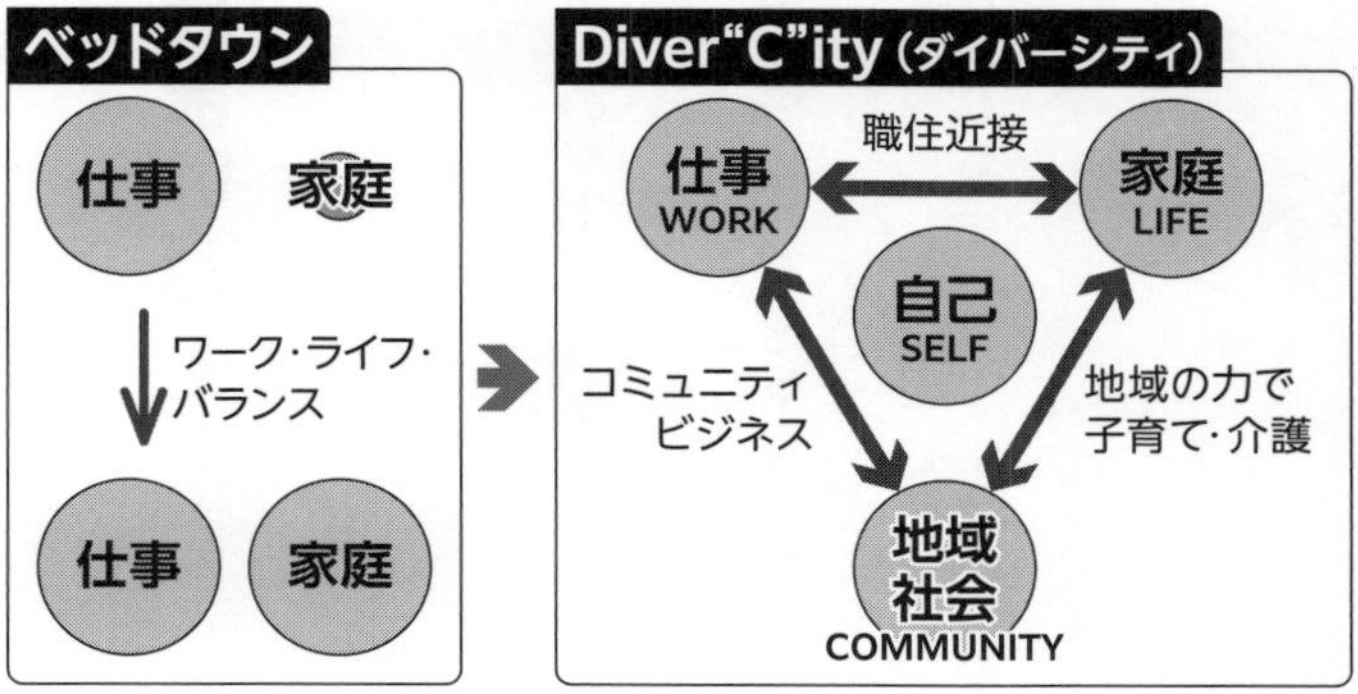

4-2

より重要になる「ライフ=家庭・家族との住まい方」

コロナ禍の影響で、家族と過ごす時間が増えており、市民のワーク・ライフ・バランスに対する意識や行動を大きく変えています。

まちづくりに取り組む自治体職員にとっても、家族を最優先に考えることは当然のことです。

家族と過ごす時間によってリラックスし、地域とのつながりも生まれ、人生に必要な多くのことを学ぶこともできるからです。

コロナ禍でワーク・ライフ・バランスが一気に浸透

コロナ禍により、ワーク・ライフ・バランスがさらに浸透しています。

内閣府が２０２０年の６月に実施した前掲の調査に続き、同年12月に実施した第２回調査※1２つの調査結果によると、コロナ禍により「家族と過ごす時間が増えた」と回答した人の割合は、６月で約7割、12月でも5割弱となっています。テレワーク実施率が５月で27・７％、12月でも21・５％となっていることも大きな要因です。家族と過ごす時間をこのまま保ちたい人の割合も８～９割と高水準で、仕事だけでなく家庭を大切にしたい人が増加しているといえます。

このような変化を背景として、コロナ禍以前と比べ、「家族の重要性をより意識するようになった」と回答する人の割合が約半数の49・９％もいます。

また、在宅勤務などにより、家族と過ごす時間が増加したことで、特に男性の家事・育児への役割が増しています。

興味深いのは、コロナ禍によって生活への満足度が軒並み低下している中で、夫の役割分担が増した家庭では、男女とも満足度の低下に抑制傾向が見られることです。夫の役割が増した、または夫婦ともに役割が増した家庭では、夫婦関係がよくなったと答えた割合が40％を超えています（悪化した割合は約10％）。妻の役割だけが増加した家庭の17・1％（悪化した割合は12・0％）と比べて有意な差が見られます。

コロナ禍を、家庭での役割を見直すチャンスにしましょう。

市民は家族との時間をどのように過ごしたのか

コロナ禍により、「家族と以前より仲よくなった」という声もあれば「家族と一緒に過ごす時間が増えてけんかが増えたり、気を遣う」という声もあります。せっかく家族との時間が増えているのであれば、家族との関係をよくし、楽しい時間にしたいものです。

家族との時間をどのように過ごすかは、それぞれの家庭や個人の自由ですが、統計などを見ていると、コロナ禍の影響や傾向が見えてきます。

前掲の内閣府調査では、コロナ禍において新しいことに挑戦した人の割合は、6月に約52・0％、12月に約39・0％となっています。挑戦の内容を見ると、最も多いのが家の修繕など日常生活に関することであり、芸術・料理などの本格的な趣味への挑戦が上位を占めています。

家庭菜園やガーデニング、ＢＢＱのようなアウトドア活動に加え、散歩やジョギングなど健康づくりを始めた人も多いようです。また、家で遊べるゲームソフトは爆発的な売上げとなり、家族団らんの中、ゆっくりと家族で話す時間を持つことのできた人も多かったのではないでしょうか。

まちのいろいろな人と会えなかった時間は家族との関係を深めることができた時間だと、前向きにとらえたいものです。

なお、ワーク・ライフ・バランスというと、ワークとライフが同じくらい重要なように感じられますが、家庭が最優先であることは間違いありません。

定期的・意図的に仕事の休みを事前予約するなど、**家庭の時間を確保してからのほかの予定を入れる**ことが基本です。

さまざまな休暇制度や子育てや介護中の職員などが活用できるフレックスタイムや時差出勤などの制度がある自治体も多いでしょう。職場にある福利厚生制度を改めて調べ、一度体験しておくことをお勧めします。一度体験すると次の申請時のハードルが低くなるからです。

「コロナ禍のおかげで家族とゆっくり過ごせました」と言いながら、コロナ禍が収束したらすべて元どおりにするのではなく、家族とゆっくり過ごした経験を今後のライフスタイルに継続して反映し、豊かな生活や人生について考え、実行していきましょう。

※1 内閣府：第2回新型コロナウイルス感染症の影響下における生活意識・行動の変化に関する調査〈https://www5.cao.go.jp/keizai2/manzoku/pdf/result2_covid.pdf〉（2021年6月4日閲覧）

4-3

「コミュニティ＝暮らし方」が人生に不可欠な理由

前掲の内閣府調査では、「コロナ禍前と比して、社会とのつながりの重要性をより意識するようになった」と回答した人の割合は39・３％でした。一方、コロナ禍の影響を受け、地域のつながりや助け合いが広がっていると感じた人の割合は８・５％、そうは思わない人の割合が29・２％となっています。地域のつながりや助け合いの重要性はより広く意識されていますが、コロナ禍によりその機会が大きく失われているのが現状です。

したがって、自治体職員は、感染状況に留意しつつ、今こそ地域に飛び出し、地域のつながりの重要性を認識した市民とともに、地域活動の超回復に取り組みましょう。また、自分の毎日の生活の中にも地域活動を組み入れ、多様性があって豊かなライフスタイルを楽しみながら、これからの時代を生き残る人材になってほしいと願っています。

人生100年時代がコミュニティの大切さを教えてくれた

コロナ禍以前から「人生100年時代」がキーワードとなっており、定年退職しても20年以上も第2の人生がある今、**〝余生〟という言葉は死語**となりつつあります。実際に定年前に第2の人生設計をしたい50代の市民が増え、定年退職後を見据えた生駒市のセミナーは参加者が大きく増えています。

第2の人生設計を行ううえで大切な要素となるのは、やはりコミュニティです。**定年前から**、家庭はもちろん、**地域での暮らし方を見据えて考え、準備をしておくことは、人生の幸福度を上げるために大切**なことです。

実はこのことは定年退職目前の世代に限ったことではありません。シニア世代、現役世代、子育て世代、独身者、学生や子どもたちも含めたすべての年齢層で同じことがいえるのです。

地域を活用する！　貢献する！　楽しむ！

コミュニティを仕事や家庭とブレンドすることで幸福度が上がり、楽しい毎日が過ごせるようになった事例を紹介します。

①地域の力を借りて子育てをする（ライフとコミュニティ）

ライフとコミュニティのつながりを意識すれば、子育てや介護の負担や悩みを地域の関係者と共有したり、支援を受けたりして軽減することができます。

生駒市には、多くの育児サークルや支援団体があるほか、子育てシェアに取り組む株式会社AsMamaや家事のシェアリングを展開する株式会社タスカジなどとの協定に基づき、多様な地域力、市民力を活かした子育て・介護の支援を具体化しています。

地域食堂の活動も広まっており、高齢者、在宅勤務者や子育て世帯が利用しています。米や野菜の差し入れ、ボランティアも増えており、コミュニティの拠点になっています。

また、介護の経験者が、現在、家族の介護で悩んでいる人の相談に乗ったり、勉強会をしたりする「介護者（家族）の会」という活動もあります。要介護者を支える家族に寄り添い、介護環境の改善、介護者の負担軽減を実現してきたのです。

コミュニティというと、「自治会やPTAの役員をやるのは大変なので」と尻込みする反応も多いのですが、まずは**地域に頼るところから始めることも立派な地域参加**です。毎日の生活が少し落ち着いたら、逆に地域に恩返しをすればよいのです。

②地域のニーズをビジネスで解決する（ワークとコミュニティ）

ワークとコミュニティにも大きな相乗効果があります。

コロナ禍により、在宅勤務やサテライトオフィス、ワーケーションなどが進み、物理的にもワークとコミュニティの距離が近づいた今、平日も地域活動と仕事を両立できるようになりました。両者の融合も進んでいます。

地域には、少子高齢化、人口減少、買い物や移動などの生活支援、子育て支援、コミュニティスクールなど、さまざまな課題があり、コミュニティと無縁の仕事を探すほうが難しいでしょう。事業者のCSV意識も高まり、SDGsの理念の具体化が課題となる中、コミュニティの課題解決は事業者のビジネスチャンスや成長につながります。

さらに、一企業やその社員としての立場に限らず、個人事業主として地域課題に対応するビジネスを行う人も出ています。

たとえば、地域の空き家を買い取ってリノベーションし、民泊事業を始めれば、空き家対策でもあり、観光振興にもつながります。キッチンカーを使ってランチを販売すれば、在宅勤務者は助かりますし、地産地消の拡大にもつながります。

「仕事をしない」か、「フルタイム勤務」かの二者択一ではなく、職住近接型かつ勤務時間に縛られない柔軟な働き方が求められていますが、地域課題をビジネスにすることがこのようなニーズの貴重な受け皿となります。

新時代の自治体職員の皆さんは、仕事としてこのような事業を支援しながら、副業としてこのような事業を自ら行ったり、ボランティアとしてお手伝いしてはいかがでしょうか。

③地域にランチ友達、飲み友達をつくろう（セルフとコミュニティ）

私は、４-１で述べたように、自分一人の時間、〝セルフ〟の時間をこれからもっと大切にすべきと考えています。セルフについては次節で詳しく説明しますが、セルフの時間、すなわち、趣味や癒し、自己研鑽などにもコミュニティが役立ちます。

趣味の時間を楽しむ地域の仲間を見つければ、定年退職後はもちろん、現役時代も豊かな毎日を過ごすことが可能です。癒しやストレス解消のためには、自宅、職場以外の第三の場所が効果的であり、地元の飲み友達やランチ友達をつくることがお勧めです。

自己研鑽や成長のために、資格を取得したり、大学などで学び直しをしたりする人も増えていますが、**地域活動に参加して主体的に課題に対応したり、プロボノ**（仕事の専門性を活かした社会貢献、ボランティア活動）**としてまちづくりに一役買ったりする経験は、何よりも効果的なリカレント教育**となりえます。

私は、主に大阪で仕事をしている方々と、月に1回勉強会や懇親会を続けてきました。「1年前は地元に飲み友達が一人もいなかった」という人たちがつながり、ずっと前からの友人のように語り合っています。癒しの場であり、ここから趣味のサークル活動やまちづくりプロジェクトも始まったり、互いの仕事から教わり合う学びや成長の場でもあります。

まちそのものが職場である自治体職員こそ、このような場に参加し、コーディネート役を買って出たり、自身も楽しんでみてはどうでしょうか。とてもお勧めの活動です。

コミュニティ活動というと「地域に貢献する！」と考える方がまだまだ多いのですが、

そんなに気負わなくても大丈夫です。実際、現役世代は〝貢献〟なんてちょっと恥ずかしい、という反応が多い気がします。

地域活動の要諦は、とにかく「やりたいことを、地域を舞台としてやってみる、楽しんでみる」こと。地域でなんらかのアクションを起こせば、たいていの場合は、他の市民にも、まちづくりにもプラスになります。そのくらいの気軽さで第一歩を踏み出せばＯＫです。

生駒市のまちづくりのビジョンは「自分らしく輝けるステージ・生駒」。

自分がやりたいことを地域を舞台に実現すること、暮らしたいまちを自分で創ること、それをみんなで応援することこそまちづくりの根幹です。そして、自治体職員もそれを応援しつつ、自らも地域に飛び出すことがまちにも市民にもプラス、そして職員自身の幸せにもつながるのです。

4-4

ステイホームだからこそ、一人の時間をしっかり確保する

ワーク、ライフ、コミュニティの融合について説明してきましたが、もう一つ追加すべき要素があります。それが一人の時間〝セルフ〟です。

家庭で過ごすことが増えたコロナ禍だからこそ、自分一人の時間を確保することの大切さが増しています。セルフの時間を確保し、ワーク、ライフ、コミュニティのシナジーをしっかり考えることが、日々の暮らしを豊かにし、キャリアデザインにプラスとなるのです。

一人の時間が大切になっている理由

コロナ禍のため、家庭で過ごす時間が増えていますが、家族との距離が近すぎてトラブ

ルも増加しています。家庭で過ごす時間が増えたからこそ、家族との円滑な関係を築くため、一人の時間を自分にも家族にも確保することが重要です。

具体的に、**セルフの時間とは、癒しや運動など心身の健康づくり、趣味などのリラックスの時間、自己研鑽、スキルを活かした取組みとその成果の発信**などが挙げられます。

家族との適切な距離をとること以外に、今後の社会変化に対応できる自分をイメージし、実績を上げ、発信を工夫しながらブランド化するなど、**自己プロデュースするために必要な時間**、それがセルフの時間です。

詳細は４－８で述べますが、終身雇用が崩壊し、組織に頼れる要素が確実に弱まる時代です。チームワークだけでなく、個の力を高める意識と行動、自分をプロデュースして発信していくために必要な時間を確保しなければなりません。

一人の時間を確保する3つのコツ

仕事、家庭、地域活動のそれぞれが忙しい中、自分一人の時間を確保することは容易ではありません。そこで、一人の時間を確保するコツを３つ紹介します。

1つ目は、**朝の時間を有効に使う**ことです。

在宅勤務になると、朝少しゆっくりできるぶん、夜更かし気味になる人が増えます。しかし、夜の時間はどうしても生産性が落ちます。私もスマートフォンやテレビをだらだらと見て、こんなことなら早く寝ておくんだったと後悔することが少なくありません。

そこでお勧めなのは、朝早く起きることです。

私は本の執筆や講演会の資料作りなどの作業があるときは、朝に行うことが多いです。家族との時間もとりたいので、夜は家族と過ごし、子どもたちと一緒にさっさと寝てしまいます。そうすれば朝4時に起きても6時間は十分眠れますので、すっきりとした頭で、朝の時間に一気に執筆等を進めることができます。朝早起きするのが習慣になると、無駄なスマートフォンやテレビの時間も減りますし、飲み会も1次会だけで切り上げるなど、ついつい飲みすぎた、ということもなくなります。

2つ目は、**スマートフォンを使う時間を減らす**ことです。

スマートフォンは楽しいですし、仕事にも趣味にも息抜きにも役に立つ、現代社会を生きるわれわれにとってなくてはならないものですが、どうしてもスマートフォンに時間を使いすぎてしまう人が多いのではないでしょうか。

スマートフォンの利用を単に減らすのは難しいので、たとえば子どもがいるのであれば、子どもが起きている時間は原則スマートフォンを見ない、と家族の前で宣言するのも効果的です。子どものスマートフォン利用も問題になる中、わが家では長男がスマートフォンを利用し始めるタイミングで協定書を作成し、適切な利用のルールを２人で考えました。子どもに約束させた手前、自分も約束を破るわけにはいきません。

前述したように、子どもと一緒に寝る日をつくるのもお勧めですし、スマートフォンを上回る楽しいものを見つけることなども有効です。わが家ではＢＢＱやボードゲームなど、家族団らんの時間を意図的に増やすことにより、相対的にスマートフォン依存を下げています。

３つ目は、**イレギュラーな予定を組み込んでいく**ことです。

自己の成長のためには、今日と同じ明日を迎えるのではなく、今日と違う明日をスケジュールする必要があります。たとえば、資格試験の受験申込みをまず行い、それに向けて勉強を開始するとか、コロナ禍の対策も兼ねて健康のために歩いて通勤するとか、いつもと違うことをやってみることが大切です。

私自身もこれまで、ＴＯＥＩＣの受験を申し込んで勉強を始めたり、勉強会を立ち上げたり、書籍の執筆に挑戦したり、と新しい挑戦を人生に組み込んできました。何か一つ、一歩だけでも踏み出してみましょう。365日経つと、大きく世界が変わるはずです。

セルフの時間で大切な身体のメンテナンス

セルフの時間で大切なことの一つは、心身の健康を維持・増進することです。健康づくりには、食事・睡眠・運動の3つが大切と言われ続けていますが、高齢者に比べて現役世代は健康に対する意識が低かったり、意識はしていても何かをやっているわけではない人が多い傾向にあります（20〜30代で55・2%、40〜50代で50・2%、高齢者で31・1%※2）。

実際、コロナ禍で自分を見つめ直す大きなチャンスであったにもかかわらず、「コロナ太り」で体重が増えた人もたくさんいます。

2020年7月に株式会社ビデオリサーチが首都圏を中心に約5000人を対象に実施したアンケートの結果※3では、全体の74%に体調変化があり、具体的には「太った（41%）」と回答した人が最も多いほか、特に30〜50代の現役世代に体調の変化を訴える人が多くなっています。健康意識が高まったと回答した人も33・7％おり、意識の高まりを実行につなげられた人とそうでない人が分かれている結果といえます。

また、コロナ禍を契機として地産地消の考え方も浸透しつつあります。自分で野菜を育て、地産地消を楽しみながら、豊かで健康な食生活につなげる人も増えてきました。

睡眠についても、コロナ禍により5人に1人が睡眠の質が悪化したと感じているとの調査結果※4があります。理由としては、「不安やストレス」「遅寝遅起きの習慣化」「生活リズムの乱れ」「脳（頭）は疲れているが身体が疲れていない」などが挙がっています。通勤をしなくなって歩く時間も減り、在宅勤務でパソコンを使う作業も増え、先の見えない不安でのストレスも増えている結果でしょう。

このような食事や睡眠の問題を改善する意味でも、運動の大切さが増しているともいえます。家での筋トレやオンラインの体操教室やヨガ教室がブームになったのもその一例です。通勤しなくなって歩く時間が減ったぶん、地域の素敵な場所を見つけて散歩したり、ランニングしたりする人も増えています。私も経験がありますが、一日中水泳だけしていた時期や一日中勉強だけしていた時期よりも、勉強も水泳もしていた時期は驚くほどよく眠れました。

コロナ禍を契機にして、早寝早起きして体を動かし、脳や目の疲れと体の疲れのバランスを意識しながら、ストレス解消や睡眠の質の向上につなげましょう。身体を健全に保つことは、次節に述べる心の健康にとってもとても大切なことです。

※2 厚生労働省：『厚生労働白書（平成26年版）』75ページ

※3 株式会社ビデオリサーチ：『コロナ禍』における生活者意識調査〈https://www.videor.co.jp/press/2020/200831.html〉（2021年6月4日閲覧）

※4 ウーマンウェルネス研究会：コロナ禍の睡眠に関する意識調査

4-5 ストレスに備えメンタルを鍛える

「コロナ鬱」という言葉ができるくらい、コロナ禍による心への影響は大きいものがあります。他者とのコミュニケーションがとれなくなることが、人間の心身に大きな影響があることを証明したともいえそうです。

コロナ禍を契機に、身体の健康だけでなく、心の健康についても再認識し、ストレスの多い現代社会をどう生きるかを考えるべきです。

また、社会の多様化は、再スタートのチャンスの多様化でもあります。やり直せる機会が増えたからこそ、ストレスやリスクへの対応のしかたも変わってくるのです。

ストレスに向き合い耐性を強化する6つの方法

4-4で示した株式会社ビデオリサーチの調査結果によると、体調変化の第2位は「ストレス（33％）」です。また、ストレスそのものの影響はもちろんのこと、ストレスが増えたことにより、ほかの体調変化を引き起こしていることも特徴的です。ストレス意識については性別の違いが大きく、女性（41％）が男性（26％）を大きく上回っています。

ストレスの原因も人によってさまざまですから、その対応方法も一つではありませんが、たとえば、以下のような対応は、ストレスと上手に付き合うヒントになるかもしれません。

①ストレスがあることを自覚することがストレス対応の第一歩

心の不調や鬱などで怖いのは、自分で気づかないうちに症状が進行・悪化してしまうことです。

早めに異変に気づき対応することが重要なのはほかの病気と一緒です。一人暮らしの人がコロナ鬱と呼ばれる状態になるケースが少なくありませんが、事態の深刻化を招いている理由は、コロナ禍で人と集まる機会がなくなり、特に一人暮らしの人が自分でストレスを自覚できなかったり、自覚しても適切な対応をとりにくかったりするからです。

また、コロナ禍をはじめ、いろいろなストレスにさらされている現在は、車の運転が荒くなったり、些細なことでトラブルが起こったり、世の中がなんだかぎすぎすしているようにも感じます。自分だけではなく、他人もストレスを抱えていることも自覚し、いつもより少し丁寧なコミュニケーションをとることを意識してみましょう。

②「みんなと仲よくしよう」の弊害を知り、距離をとる

昔から学校では「みんなと仲よくしましょう」と教わることが多いですが、100人いたら100人全員と仲よくできることはありません。どうしても仲よくできない人とは上手に距離をとることを学ぶ必要もあります。

これは社会でも同じです。

「我以外、皆、我が師」は小説家の吉川英治氏の言葉とされています。私もこの言葉が大好きでいろいろな人の話から学び、まちづくりに活かしたり、自分の成長に役立てています。

しかし、なかにはどうしても価値観が合わなかったり、薩摩の教えで最低の評価である「何もせず、批判だけしている者」だったりする人もいます。こういう人から学ぶことも

ゼロではありませんが、奪われる時間やエネルギーのほうが大きいのも事実です。付き合う人をうまく選び、余計なストレスを生む人とは最初から接点を減らしておくほうが賢明です。

③ストレスはゼロにできないからこそ、鈍感力を鍛える

②では、ストレスの原因となりうる人と距離を置くことの大切さを説明しましたが、仕事は一人でやるわけではありません。仕事を進めるうえでどうしてもストレスの原因となるような人とお付き合いしないといけないケースもあるでしょう。

そのような場合の対処方法として〝鈍感力〟が挙げられます。渡辺淳一氏の著作で広まった言葉ですが、情報過多の現代こそ、すべての情報に高いアンテナを立てるのではなく、受信感度をあえて下げたり、受け取った情報を取捨選択して、活かすべきは活かし、捨てるべきは捨てる意識と訓練が重要です。

たとえば、ＳＮＳでつながっていること自体がストレスになる人とは距離を置いたり、投稿が目に入らないように設定しておきましょう。また、市民とのコミュニケーションにおいて、自治体職員には、市民からの意見をすべて受け入れなければいけないと勘違いし

ている人が多いのですが、それはかえって市民のためにもならず、職員の幸福度も下げてしまうことを理解しましょう。

市民の声をすべて〝受け止める〟必要はあると思いますが、すべて〝受け入れる〟必要はありません。市民の価値観や意見がどんどん多様化する中で、すべての市民の意見や想いを１００％受け入れることなどどう考えても不可能です。すべてを受け入れようとするから市民と会うこと自体がストレスになってしまい、市民にも職員にもよい結果を生み出さないわけです。よい意味での鈍感力が必要です。

自治体職員は、行政がやるべきことは全力で対応しながら、法令やほかの市民との関係でできないことはできないとはっきり伝え、その理由も説明すれば十分です。１００点の対応はできなくても、代案を示して納得してもらえるようになればさらによいですね。

④ストレスを俯瞰し、大きな視点と長期的視点でとらえ直す

ストレスが発生したときには、局地戦にしないで俯瞰することも大切です。

突発的な問題が起こると近視眼的・視野狭窄になるのはしかたないことですが、意図的に俯瞰する習慣をつければ、そんなに大した問題ではないと思えたり、時間がたてば状況

は改善するという長期的楽観思考が生まれたりして、うまく対応できます。

まちづくりに真剣になればなるほど、批判しかしなかったり、まちづくりの足を引っ張る人への怒りも大きくなりますが、そういう批判はゼロにはなりませんし、逆に広く人々に支持されることもありません。批判しかできない人は一部の限られた人以外からの信用を得ることはできないのです。

そういう人たちに怒りの感情を持ったり、ぶつけたりするよりも、日頃から市民への発信・コミュニケーションをしっかりしておくほうが大切ですし、より効果的な対応策となり、ストレス対策にもなるはずです。

⑤居心地のよい仲間や空間を持っておく

ストレスへの対応方法として、ストレス自体を小さくする方法だけでなく、元気やエネルギーをもらえる仲間や場所を持っておき、意図的・定期的に接触することも大切です。

たとえば、各自治体で改革運動などを進めたり、まちに飛び出したりする職員はまだ少数派であり、活動すればするほどほかの職員からのやっかみや心ない言葉を浴びせられる人もいるのが実情です。このような職員が、所属する自治体を越え、横につながって勉強会や懇親会を行うことにより、「やっぱり自分たちは間違っていなかった」「明日からも頑張ろう」と元気をもらえる場所ができています。各種のオフサイトミーティングや自治体職員のネットワークは、新時代を生き、挑戦を続ける職員が、エネルギーを蓄え、再び各自治体での孤独な戦いに赴くための定期的な確認と再活性化の機会・場なのです。

また、**前向きな市民が活動している場所に行くことも大きな力になります。**

私は、生駒市に着任してからコロナ禍に至るまで、土日にもほとんどなんらかの公務が入っていました。公務以外にもプライベートでいろいろな市民がまちづくりに取り組む場所を訪ねています。

市民からは「市長は休みの日もいろいろな現場に足を運んでくれてご苦労様やなあ」とお言葉をいただくのですが、私にとってはこういう場所に行くことこそ、前向きな力や仕事へのエネルギーをもらい、平日の役所での激務に立ち向かうために不可欠なのです。まちづくりの現場に行くことは、課題発見やキーパーソンとのコミュニケーションはもちろんですが、モチベーションや前向きなエネルギーを充填する貴重な機会でもあります。

このように、他業種横断的な場やまちづくりの現場など、前向きなエネルギーをもらえる場所を持っておくことはストレス耐性を上げる意味でも重要ですが、コロナ禍でそのような機会が減っていることもコロナ疲れの原因となっています。

私自身も、コロナ禍で数か月間、土日の公務がなくなりました。生駒市に来て9年間で初めての経験です。家族との時間が増えたという意味ではよかったのですが、前向きな仕事へのエネルギーを市民からもらえなかったという意味で、私にとっては精神的に本当にしんどい時期でもありました。

地域に飛び出したり、挑戦を続ける職員ほど、コロナ禍の影響を受けていると思いますので、今こそしっかりつながりを強め、支え合える活動を再開していかなければなりません。

⑥逃げること、頼ることはダメではなく、むしろこれから評価されるスキル

一人でストレスに対応しきれなくなったときに、**人に頼ることはこれからの大切なスキルです。**

日本人には、安易に人に頼らずできるだけ自分で対応する、けじめをつけることを尊ぶ精神文化がありますが、社会が多様化し、リスクも増え、流動性も高い現在、誰がいつどのような形で大きなストレスやリスクにさらされるか、わからない時代なのです。

一人で責任をとる自己責任の考え方は必要ですが、過度に自己責任論に縛られず、むし

ろ、上手に人を頼り、気持ちよく助けてもらうこと、逆に、可能なときは人を助けることが、人生を幸せに過ごすために大切なことです。

自立を求めるだけでなく、まちのみんなが網の目のように**互いを助け、助け合うごちゃまぜの関係のほうが**、一人ひとりの人生も、社会全体としても**脆弱性を回避できます**。大きなレールから外れると一気に生きにくくなっていた従来の社会とは異なり、今広がりつつある、多様で流動的な社会は再スタートが比較的容易な社会ともいえます。

本当にピンチのときは、再スタートへのエネルギーを奪われる前に一回逃げることを選択肢に入れておくことで、人生を少しゆったりした気持ちで進めることができます。

セルフの時間は、一人の時間であると同時に「コミュニティ」とのシナジーにより、仕事や家庭のどちらでもない〝第三の場所〟を確保することにもつながります。地元に友達をつくったり、趣味の仲間とネットでつながったり、いくつか顔を持っておくことで人生が複線化され、仕事や家庭でつらい時期でも踏ん張ることができます。社会変化やストレスに対して強靭な自分をつくっておきましょう。

4-6

自治体職員も学び直し、複業・創業をめざそう

これからの終身雇用崩壊時代は、チームワークだけでなく、個の力を高めることも不可欠です。最初の職場だけで一生働き続ける人のほうが少数派となるため、官民問わず、自己研鑽し、どこでも食べていける力を身につける努力が必要です。

リカレント教育に注目が集まっていますが、これからの時代、自治体職員こそ学び直しをし、人生の多様な選択肢を持っておくことが大切です。

リカレント教育で専門性や社会の流れを学び、生き抜くためのカードを増やす

リカレント教育に注目が集まっています。社会人となった後でも、教育機関に戻って学

び直し、再び働くなど、生涯にわたり学び続け、それを仕事などに活かしていける仕組みです。

欧米では一般的な考え方であり、実際に浸透していますが、日本ではまだこれからです。

では、どうして今、学び直しであるリカレント教育が重要なのでしょうか。

①社会変化への対応

学校で学んだ知識と仕事しながら身につけるスキルだけで一生食べていける時代には、リカレント教育の重要性はほとんど注目されませんでした。

しかし、社会変化が激しくなり、市民や消費者のニーズが複雑化、多様化、専門化する現在、**社会人になる前の学びとＯＪＴだけでは対応しきれなくなっています。**じっくりと教育機関で専門性を身につけ、仕事などに活かす必要があるのです。

実際に社会に出て働いてみて、学びの大切さや仕事に役立つ学びとは何かを初めて理解できることも多いでしょう。そういう意味でもリカレント教育は合理的です。

②再挑戦の機会

終身雇用が保証されない時代になると、**最初に就いた仕事で一生を終える可能性は低く**なり、キャリアの途中で失業したり、自らの意思で転職したりする可能性が高まります。

これは労働市場の流動性が上がっている状態なので、きちんとした経験や専門性を有していれば、失業して再就職をめざしたり、出産・育児などでしばらく仕事から離れていたり、転職したりする場合に、次の仕事が見つかりやすいということでもあります。

また、インターネットの発展により、個人の発信手段や、個人間で物やサービスを売買する手段が多様化していることから、創業のハードルも下がっています。

したがって、リカレント教育で創業について学んだり、今までのキャリアをさらに磨いたり、新しい時代に必要な専門性を習得したりすることにより、次のキャリアへの準備を進め、再挑戦することがこれまで以上に効果的なのです。

③人生100年時代への対応としてのリカレント教育

前述の2つが直接仕事上のキャリアにつながるものであるのに対し、コミュニティを通して、仕事や地域活動に必要な知見や能力を育てるリカレント教育もあるでしょう。

各自治体で整備しているまちづくり大学などを全世代型に広げ、内容を仕事やキャリアを意識したものに発展させることにより、兼業として地域ビジネスをめざす市民や、地方創生に関する仕事を具体化しようとする事業者を応援することも考えられます。

現役世代のうちに**地域活動や地域ビジネスにつながる学びを経験することで、仕事にもプラスになったり、複業という選択肢ができたりします。**退職後に地域でビジネスを立ち上げたり、事業承継を考える人も増えています。子育てしながら地域で小さな創業をしたいという人も少なくありません。このような働き方・暮らし方を支援するためのコミュニティを活用し、自治体が支援するリカレント教育も広がっていくでしょう。

副業を持つことでリスク分散と強みのシナジーを磨く

社会人のキャリアとして副業に注目が集まっています。

前掲の２回にわたる内閣府調査によると、コロナ禍によって新たに副業を検討し始めた人は２０２０年６月に９・０％、12月に５・９％。実際に副業を持ったという人は、６月に2・4%、12月に2・6%となっています。コロナ禍以前も含め、副業を持っている人は11・6%、関心がある人は52・2%であり、副業という選択肢は珍しいことではなくなっています。

1－4で述べたように、公務員もその例外ではありません。副業はセルフの視点からも重要な意味を持つのです。

第1の理由は、リスク分散です。一つの仕事をしながら、ほかの仕事を持っている人は、キャリアを複線化し、変化に強い人生を築き、本業も自信を持って進められます。

第2の理由は、自信です。副業ができるということは、能力に対価を払ってくれる人がいるということであり、大きな自信につながります。職場での評価だけでなく、違う角度から高く評価してもらえることにより、キャリアの中で、岐路に立ったり、つらく苦しい時期を迎えたりしたときに踏ん張りがきくのです。本業とは違う場面で頑張った経験やそこから得た自信があるかないかで、人生には大きな差が生じます。

第3の理由は、実践的な学びです。本業以外の人との付き合いも深まって広い視野が身についたり、ネットワークが広がったり、と本業にもプラスとなります。特に、副業でいろいろなプロジェクトを任されたり、自ら事業を創り出すような経験ができれば、リーダーシップ、課題設定力、発想力、実行力などがまとめて鍛えられます。まさに副業は最高のリカレント教育なのです。

これからの時代、受け身の学びでは成長は期待できません。単なる知識やアイデアにはあまり価値がないからです。実践をベースにした学びの中で、本当に必要な力が身につくはずであり、副業や地域活動がまさにその実践の場になりうるのです。

自治体職員の個の力を高める方法として、リカレント教育や副業を紹介しましたが、ＯＪＴでも勉強会でもなんでもいいのです。自らを成長させようという気持ち、成長のための場や機会を求める貪欲さ、そして実際にそのような機会をつくり、実際に飛び込んでみること。昨日と違う今日、今日と違う明日を自分でプロデュースできる人がこれからの社会で楽しく活躍できるのです。

4-7

人生のキャリアデザインをして、自らをプロデュースしよう！

皆さんへの最後のメッセージは、自分で自分の人生をキャリアデザインし、プロデュースまで行うこと。

社会人一人ひとりが〝個人事業主〟の気概を持って生きていく中で、世の中に対して自分をプロデュースし、発信していくことが不可欠な時代です。具体的に言えば、強みと弱みの分析を通じて自分をブランディングしたり、具体的な事業を形にしたり、効果的なアウトプットや発信を行ったりすることです。組織から個人へ、受動から能動へ、インプットからアウトプットへと大きく舵を切っていきましょう！

i-Companyの時代にVMVが必要な意味

私が大切にしている考え方として、「i-Company」というものがあります。株式会社リンクアンドモチベーション代表取締役会長の小笹芳央氏が提唱している考え方で、いわば「自分株式会社」。組織に属していても、属していなくても、i-Companyという考え方を持ち、**自分という人材の価値を高め、効果的に発信して、ブランド化し、仕事を得て成果を上げ、さらに価値を高めていくというサイクルをめざす**ことです。

このような考え方の背景として、大企業の固定化された関係性だけではなく、ＩＣＴやＳＮＳの発展によってプロジェクトベースで必要な人が必要なときにつながる、ギルド的なチームづくりが可能になったことが挙げられます。

個人が社会全体に対して発信し、効果的な発信に対しては大きな反応を得ることが可能となったこと、職員の副業に寛容な組織が少しずつ増えていることなど、個を活かした活動がやりやすい雰囲気が生まれていることもポイントです。

ＶＭＶを策定する組織が増えているのは、ビジョンやミッションに沿った行動をとることを職員に求めるためだけでなく、ビジョン・ミッションを満たしさえすれば、それぞれの職員が裁量や主体性を持って行動してよい、というお墨付きを与えているからです。職員の個の力を高め、組織の方向性を理解しながら自由に動いてもらうほうが、組織全体のパフォーマンスが高まるほか、職員の成長につながり、人材育成の視点からもプラスです。採用に当たってのアピールポイントにもなります。

自分をブランド化し、複業で稼ぎ、転職できる人材になる

複業や転職、創業を検討してみることはキャリアの棚卸しという意味でも効果的です。一度、自分が複業・転職するなら、どういう事業者が採用してくれるか、創業するならどんなビジネスモデルが可能か、本気で考えてみましょう。

たとえばYouTuberになるなら何を発信できるのか、メルカリやネットショップを活用して自分には何が売れるのか、講演や出版をするとしたら自分は何をテーマにできるかなどを具体的に考えることは自治体職員にも大切なことです。**自分の具体的な価値を見つめることから、自分の価値を高めるための自己研鑽や努力も始まる**のです。

また、一つの仕事をしながら、ほかの仕事や稼ぎの選択肢も持っておくことで、変化を

過度に恐れず、本業も自信を持って進めることができます。辞めたら食べていけない、と職や地位に固執する人よりも、**辞めても食べていける自負を持っている職員ほど、まちづくりに活躍してくれる**ことは想像に難くありません。

空き家を活用したインバウンド向けの民泊事業など、地域課題の解決につながる小さな起業をしたり、みんなに愛される地元工場などの事業承継などにも挑戦する自治体職員が出てくれれば、市民の挑戦やまちづくりを促す際に大きな説得力となります。

公務員がどんどん複業し、自分のキャリアを自分で切り開きながら、まちづくりや事業経営に活躍することができれば、その後に続く公務員にとっても大きな希望となり、社会全体の活性化にもつながるのです。

アウトプットを意識的に行う

これからの時代の自治体職員が、自らをブランド化し、自分株式会社を経営していくためには、自ら発信をしっかり行うことが不可欠です。

ＩＣＴが発展し、ＳＮＳも多様化する中で、いろいろな形の発信が可能となっています。

工夫しながら、より効果的に発信していきましょう。

①文字を書く

Facebookやｎｏｔｅを使って、自分の思いや考え方、ビジネスにつながる考察などを書いて発信してみましょう。書くというアウトプットを行うことで、インプットが確かなものとなりますし、自分が携わった仕事を振り返り、記録として残す意味もあります。

たとえば、Facebookで広報実務のアドバイスとなる記事を１００本投稿し、全国の広報担当職員に多くの示唆を与えた生駒市の職員がいます。また、ブログを書き続けたことで、出版社の編集者の目に留まり、本の執筆依頼が来た事例もあります。

日々の業務で経験したこと、インプットしたことなどを、〝書く〟ことにより、しっかりとアウトプットし、より深い理解を得たり、担当分野のリーダー的存在になったり、雑誌への寄稿や本の執筆などのさらなるステップアップにつながったりするのです。

②話を聞いてもらう場所を持つ

書くことのほか、話すことによるアウトプットも重要です。

話すことにもいろいろな方法があります。セミナーなどでプレゼンテーションを行う機会があればよいのですが、そうでなければ、身近な場でいろいろな人との対話を行うことがその第一歩となります。

たとえば、私は平日のランチタイムに子育て層やシニア世代の方などとミーティングをすることが多いのですが、ランチをとりながらの忌憚ないコミュニケーションにかなり鍛えてもらいました。このミーティングは市政へのいろいろな意見をいただく場であることはもちろん、説明のしかたや話の聞き方を学ぶ場としての意味も同じくらい重要です。市民によるまちづくり活動に顔を出して意見交換することにも同じような意味があります。

生駒市ではお勧めの本を5分でプレゼンするビブリオバトルに熱心に取り組んでいますが、こういう機会に積極的に参加してプレゼンするなど、多くの人を相手に話をする場所を積極的に求めていくことも大切です。

出前授業として学校や自治会に話に行ったり、音声SNSの「Clubhouse」などを利用し、ルームを立ち上げて話すような機会をつくれば、話すことによる発信力は高まります。

①と同じで、話すことにより、インプットが確実なものとなるだけでなく、書くよりもスピード感を持って多くの人と直接コミュニケーションできるのが魅力です。

③本気でYouTuberになる

YouTuberが人気です。株式会社ベネッセコーポレーションが実施した小学生がなりたい職業ランキングでは、男子で2位、女子で4位となっています[※5]。

自分が好きなことをコンテンツにして、どうしたら多くの人に見てもらえるかを工夫しながら発信内容を考え、収入を得ることができるのが魅力的に映っているのでしょう。

このような傾向を「子どもらしいなあ」と遠くから見ているだけでは、時代から取り残されます。社会人にとっても、**自分の強みを整理し、どのようなコンテンツをつくり、どのようなターゲットに届けたいのかなどを考える分析作業**は、自分自身の棚卸しとして有益なことです。この作業は、いわば、**自分株式会社の事業計画の策定、ビジネスモデルの構築**ともいえるからです。

また、YouTubeへの動画投稿作業を通じて、ウェブサイトを立ち上げたり、ほかのSNSとの連動させたりする機会も増えるので、メディアミックスによる自身の見せ方を総合的に考える機会にもなります。ICTスキルも上がりますし、頑張りが収入に直接つながりやすいというわかりやすさも魅力です。

YouTuberになってもやっていけるかどうかを考えることは、i-Companyとしてやっていけるかどうかのわかりやすい指標だと思います。

自分をプロデュースできる公務員３・０をめざそう！

これまで述べてきたように、自己研鑽しながら、自分を効果的にプロデュースしてブランディングできる人が、これからの時代に大いに活躍できる人になります。

キャリアというと仕事のキャリアを考える人が多いと思いますが、これからは、仕事、家庭、地域、自己実現の４つを含めた人生全体のキャリアをデザインし、シナジーを考えながら具体化することが必要です。

私はこの４つの視点を幸せを呼ぶ四つ葉のクローバーになぞらえています。

４つの視点を盛り込んだ人生のキャリアデザインをもとに、**自分をプロデュースすることができる人は、仕事としてまちづくりを大きく牽引する人材であると同時に、豊かで幸せな人生を送ることができる人**となります。

このような生き方ができる公務員という仕事は本当に魅力的な仕事です。皆さんも楽しく充実した公務員ライフを過ごすため、公務員3・0をめざして自己プロデュースに取り組んでください。

※5　株式会社ベネッセコーポレーション：ニューノーマル時代の小学生の意識調査ランキング2020〈https://benesse.jp/juken/202101/20210106-3.html〉（2021年6月4日閲覧）

図表4-8-1●豊かで幸せな人生に必要な4つの視点

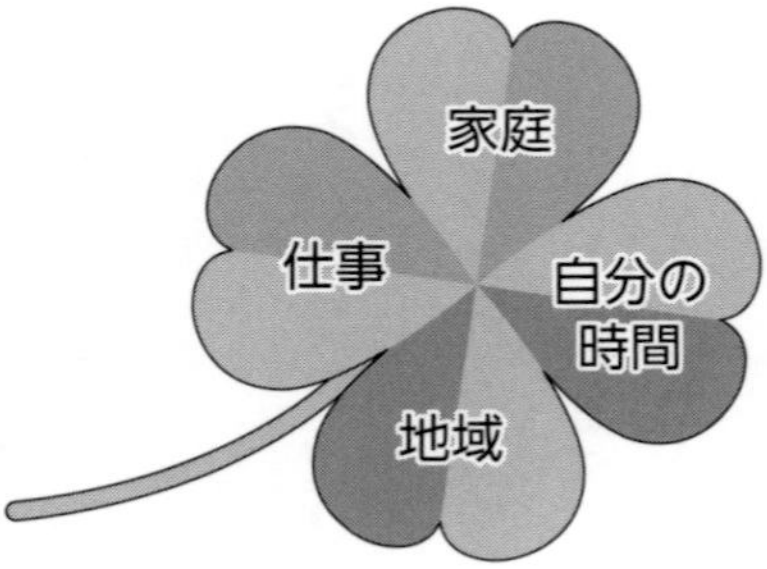

おわりに

私が大好きな言葉、「自ら機会を創り出し、機会によって自らを変えよ」は、リクルートの旧・社訓であり、１９６８年に創業者である江副浩正氏によってつくられた言葉です。また、歌手の渡辺美里さんの名曲「My Revolution」には、「わかり始めたMy Revolution明日を乱すことさ」という歌詞もあります。今日と同じ明日に安住するのではなく、「明日を乱す」ことにより、成長の機会を自分で創っていく挑戦が大切です。

本書では、変化に対応するだけでなく、変化をチャンスに変えようと説いてきましたが、さらに踏み込んで言えば、変化を待つのではなく、変化を自分で起こさなければいけないのです。

そして、変化を求める人のほうが少ないのが世の常ですから、当然出る杭は打たれます。それでも何度も出ていくことが大切です。一度打たれたからと変化することをあきらめれば、あなたを打った人と一緒に消滅していくだけです。第3章でも引用したダーウィンの言葉、「唯一生き残ることができるのは、変化に最もよく適応した者」という言葉が今ほど意味を持つ時代はないのですから。

最後に「徳は孤ならず、必ず隣あり」。飛び出し続ければ、打たれ続けるでしょうが、そのうちあなたを応援してくれる人が必ず現れます。そしてそんな人を待ち続けるだけでなく、見つけに行きましょう。地域に飛び出せば、全国を見渡せば、あなたとともに挑戦し、高め合える仲間は必ずいます。そういう人たちとともに、地域から日本を変えていきましょう。

さて、本書の執筆に当たり、実務教育出版の佐々木貴さんほか皆さまには、前著『公務員面接を勝ち抜く力』に引き続き、大変お世話になりました。

前著では、公務員をめざす人を主なターゲットとしましたが、今回は、これからの時代を担う若手公務員をイメージしながら、働き方だけではなく、家庭・地域活動・自分の時間について、コロナ禍の影響や人事制度の変革なども交えて説明させていただきました。

私が本書で書いていることは、現在の生駒市役所の業務をはじめ、これまでの職務経験はもちろん、市民の皆さんや全国の仲間たちとのコミュニケーションから学んだことが多数盛り込まれています。それらの土台や経験があるからこそ、本書で述べているさまざまな言葉に説得力が生まれ、私も自信を持って筆を進めることが可能となりました。

これまでお世話になったすべての方々に、この場を借りて心からの感謝を申し上げます。

最後に、国家公務員を退職して縁もゆかりもない生駒市に転居し、市長として毎日を送る私とともに人生を歩んでくれる妻に心から感謝しています。

彼女自身、仕事や地域活動に忙しい中、２人で力を合わせて楽しい家庭を築いてこれたことを誇りに思います。執筆中に４人目の子どもが生まれ、私も育児休暇を取得して、家庭、地域、仕事、自分の時間という人生の要素を改めて深く考えながらの時間となりました。

妻と子どもたちに改めて感謝とお礼を述べて、筆をおきます。

いつも本当にありがとう。

令和３年７月吉日

奈良県生駒市長　小柴《こむらさき》　雅史《まさし》

著者紹介

小紫雅史（こむらさき まさし）

奈良県生駒市長。
1974年生まれ、兵庫県出身。1997年一橋大学法学部卒業。1997年環境庁（現環境省）入庁。NPO法人プロジェクトK（新しい霞ヶ関を創る 若手の会）創設メンバーで、元副代表理事。2011年8月、全国公募により生駒市副市長に就任。2015年4月、生駒市長に就任（2021年7月現在2期目）。「自治体3.0」を提唱し、自らまちに飛び出して実践するとともに、これからの自治体のあり方や公務員の役割について、積極的に情報を発信している。著書に、『公務員面接を勝ち抜く力』（実務教育出版）、『10年で激変する！「公務員の未来」予想図』『市民と行政がタッグを組む！ 生駒市発！「自治体3.0」のまちづくり』（いずれも学陽書房）など。
Facebookページ：こむらさき まさし
https://www.facebook.com/komu.mirai/

地方公務員の新しいキャリアデザイン

2021年8月10日　初版第1刷発行　　<検印省略>

著　者　小紫雅史
発行者　小山隆之
発行所　株式会社 実務教育出版
〒163-8671　東京都新宿区新宿 1-1-12
https://www.jitsumu.co.jp
電話 03-3355-1813（編集）　03-3355-1951（販売）
振替 00160-0-78270

印刷　シナノ印刷　　製本　東京美術紙工

JASRAC 出 2105474-101

ISBN978-4-7889-5000-9　C0030